Oetinger

Kirsten Boie

Eine Welt aus Büchern

Kirsten Boie, 1950 in Hamburg geboren, ist eine der renommiertesten deutschen Kinder- und Jugendbuchautorinnen. Für ihr Gesamtwerk wurde sie mit dem Sonderpreis des Deutschen Jugendliteraturpreises geehrt. Kirsten Boie hat viele beliebte Kinderbuchfiguren für alle Altersgruppen erschaffen, darunter »Der kleine Ritter Trenk«, »Seeräubermoses«, »King-Kong«, »Die Kinder aus dem Möwenweg« und »Thabo«. Darüber hinaus engagiert sich die promovierte Literaturwissenschaftlerin mit großem Einsatz auf dem Gebiet der Leseförderung. Für ihr Engagement für die deutsche Kinder- und Jugendliteratur wurde ihr 2019 die Hamburger Ehrenbürgerwürde verliehen. Nicht nur »Paule ist ein Glücksgriff« – so der Titel ihres Debütromans –, sondern auch »Kirsten Boie ist ein Glücksfall für die deutsche Kinderbuch-Literatur« (NDR).

Katrin Engelking, 1970 in Bückeburg geboren, studierte an der Fachhochschule für Gestaltung in Hamburg und arbeitet seit 1994 als freie Illustratorin. In Bildern voller Farben- und Lebensfreude macht sie Kirsten Boies »Kinder aus dem Möwenweg« sichtbar, interpretiert Klassiker von Astrid Lindgren neu und erzählt eigene Geschichten – mit großem Erfolg und zum Vergnügen ihrer Leser und Leserinnen!

Kirsten Boie

Geheimnis im Möwenweg

Bilder von Katrin Engelking

Verlag Friedrich Oetinger · Hamburg

Alle Bücher über die Kinder aus dem Möwenweg:

Wir Kinder aus dem Möwenweg
Sommer im Möwenweg
Geburtstag im Möwenweg
Weihnachten im Möwenweg
Ein neues Jahr im Möwenweg
Geheimnis im Möwenweg
Ostern im Möwenweg
Ferien im Möwenweg

In der Erstlesereihe »Büchersterne« sind bei Oetinger die »Abenteuer aus dem Möwenweg« erschienen, von Kirsten Boie speziell für Leseanfänger aufbereitet.

MIX
Papier | Fördert gute Waldnutzung
FSC® C002795

9. Auflage

Einband und farbige Illustrationen von Katrin Engelking
Reproduktion: Domino Medienservice, Lübeck
Druck und Bindung: Livonia Print SIA,
Jurkalnes iela 15/25, LV-1046 Riga, Lettland
*Printed 2024/2
ISBN 978-3-7891-3181-3

www.moewenweg-stiftung.de
www.kirsten-boie.de
www.oetinger.de

Inhalt

1

Ich stelle uns alle im Möwenweg vor (die Kinder und die Erwachsenen und die Tiere)

Ich heiße Tara und ich bin neun Jahre alt. Schon seit fast drei Monaten! Da bin ich ja eigentlich schon neuneinviertel.
Petja hole ich aber natürlich trotzdem nicht ein, der ist mein großer Bruder und schon elf. Und mein kleiner Bruder heißt Maus und ist erst fünf. Ich hätte gern auch noch eine Schwester, das wäre doch gerecht. Weil wir dann zwei Jungs und zwei Mädchen wären. So bin ich immer eine weniger.
Aber zum Glück gibt es ja genug andere Mädchen da, wo wir wohnen! Das ist nämlich im Möwenweg und der ist eine Baustraße. Das heißt, dass bei uns ganz viele neue Häuser gebaut werden. Vorher war da nur eine Wiese. Aber unser Haus ist schon lange fertig, schon seit einem Jahr. Darum kenne ich die anderen Kinder auch schon ewig (fast).
Wir wohnen in einem Reihenhaus, und das ist von allen Häusern die allerbeste Art, finde ich. Weil da die Kinder alle ganz dicht zusammen wohnen und sich hinten durch die Gärten besuchen können. Jedenfalls, wenn keine blöden Nachbarn dazwischen wohnen. Das tun sie bei uns aber leider.

Soll ich das jetzt mal erklären? Petja und Maus und ich wohnen in Nummer 5e, das ist das vorletzte Haus, und im Endhaus (in Nummer f) wohnen Oma und Opa Kleefeld, die sind sehr lieb. Auch wenn sie natürlich nicht unsere richtige Oma und unser richtiger Opa sind. Aber sie fühlen sich fast so an. Das ist auch gut, weil Oma Friedrichstadt ja ziemlich weit weg wohnt, in Friedrichstadt (man hört es am Namen), und da kann sie uns

natürlich nicht jeden Tag besuchen. Aber Oma und Opa Kleefeld sind immer da.

Auf der anderen Seite von uns wohnen Herr und Frau Voisin, die sind leider nicht ganz so nett und haben als Einzige in unserer Reihe keine Kinder. (Außer Oma und Opa Kleefeld, aber das ist ja logisch. Alte Leute haben ja nie Kinder.) Voisins wollen nicht, dass wir hinten durch ihren Garten laufen, weil wir lernen müssen, fremdes Eigentum zu respektieren, sagen sie. Aber ich glaube, es ist nur, weil sie so einen teuren Garten haben, den hat sogar ein Gärtner angepflanzt, und auf dem Zaun haben sie goldene Kugeln, und ihr Rasen ist ein teurer Rollrasen. Da wollen sie natürlich nicht, dass wir ihnen etwas kaputt machen.

Es ist ziemlich schade, dass ausgerechnet Voisins unsere Nachbarn sein müssen, weil gleich im nächsten Haus nämlich Tieneke wohnt, die ist meine allerbeste Freundin. Weil sie auch neun Jahre alt ist wie ich und weil ihr Name auch mit T anfängt, genau wie meiner, und in derselben Klasse wie ich ist sie auch, nämlich in der dritten bei Frau Streng. Ist das nicht fast wie Zwillinge? Tienekes Haare sind aber blond und meine sind dunkel.

Gleich neben Tieneke wohnen schon wieder zwei Mädchen, das sind Fritzi und Jul. (Fritzi heißt in echt aber Friederike und Jul heißt Julia.) Da können sie sich natürlich immer durch die Gärten besuchen, sie haben schließlich keine nicht ganz so netten Voisins dazwischen, das finde ich nicht gerecht. Weil *ich* doch eigentlich Tienekes beste Freundin bin, und Fritzi und Jul sind nur ihre zweitbesten. (Meine auch.) Weil sie nämlich nicht genauso alt sind wie wir, da ist das nicht so zwillingsmäßig. Fritzi ist erst acht und Jul ist schon elf, und übrigens ist Jul in letzter Zeit auch manchmal ziemlich zickig und will nicht mitmachen, wenn wir was Gutes spielen. Da weiß ich gar nicht mehr, ob sie überhaupt noch meine zweitbeste Freundin ist. Aber meistens doch.

Auf der anderen Seite von Fritzi und Jul kommt schon das Endhaus. Da wohnen endlich mal zwei Jungs, nämlich Vincent und

Laurin. Gott sei Dank, sagt Petja. Mit all den Weibern um einen rum würde man ja sonst womöglich selbst bald anfangen Röcke zu tragen und sich die Hände zu lackieren. Also wirklich! Das sagt er aber nur, um uns zu ärgern.
Vincent und Laurin sind leider auch nicht genauso alt wie Petja, weil Vincent zehn ist und Laurin ist erst acht. Aber Vincent ist sehr schlau, darum war er mit Petja in der Grundschule auch in derselben Klasse. Laurin ist aber mehr so normal.

Hat jemand mitgezählt? Wir sind genau vier Mädchen und vier Jungs bei uns im Möwenweg, und das finde ich gerecht. Obwohl Maus ja noch sehr klein ist, da zählt er vielleicht nur halb. Aber wenn wir Fußball Mädchen gegen Jungs spielen (zum Beispiel), ist es trotzdem ziemlich gerecht aufgeteilt. Weil Fritzi nämlich auch nicht so gut ist.

Dass Vincent und Laurin im Endhaus wohnen, kommt, weil sie so reich sind. (Jeder weiß ja, dass Endhäuser am teuersten sind, weil sie an drei Seiten Garten um sich rum haben und die anderen Häuser nur an zwei.) Ihre Eltern sind geschieden, und ihr Vater fährt ein teures Cabrio, aber leider wohnt er drei Stunden entfernt und kann sie nur manchmal besuchen. Oder sie ihn. Und ihre Mutter ist Lehrerin und ein bisschen streng. Aber ich finde, sie ist schon netter geworden. Das hat ja sogar bei Voisins geklappt. (Sie haben mir zum Geburtstag eine Tafel Schokolade geschenkt. Leider Kaffee-Sahne. Das mag ich nicht so gerne.) Alle Leute werden netter, wenn sie bei uns im Möwenweg wohnen. Nettigkeit steckt an, sagt Mama.

Die Eltern von Fritzi und Jul müssen aber nicht mehr netter werden, die sind das sowieso schon. Michael ist sogar der netteste Vater von allen (außer Papa natürlich). Er macht immer so viel Quatsch und kann Tierkäfige für den Garten bauen.

Das hat er nämlich gemacht, als Tieneke ihre beiden Kaninchen gekriegt hat, die heißen Wuschelchen und Puschelchen und sind Belgische Riesen. Dabei sollten sie zuerst Zwergkaninchen werden! Das hat aber nicht geklappt. Und ich finde Riesenkaninchen sowieso besser. Die sind fast ein bisschen wie ein Hund.

Das beste Tier im Möwenweg ist aber natürlich Rambi. Weil er mir gehört und Petja eigentlich auch. Das stört aber nicht so doll, weil Petja sowieso nicht so viel Lust hat, Rambi zu füttern und den Käfig sauber zu machen und Kunststücke mit ihm einzuüben. Das muss ich immer alles machen, und darum ist Rambi eigentlich doch fast ganz allein mein Meerschweinchen.

Jedenfalls denkt er das bestimmt. Er fiept nämlich immer ganz aufgeregt, wenn ich zum Käfig komme. Das ist, weil er meine Schritte erkennt, und dann freut er sich, sagt Opa Kleefeld. So ist das ja bei Meerschweinchen.
Opa Kleefeld weiß das, weil Rambi in seinem Garten zur Untermiete wohnt. (Den Käfig hat aber Michael gebaut.) In unserem Garten ging das leider nicht, weil Voisins auf Tienekes Seite von ihrer Terrasse ja schon den Blick auf Wuschelchens und Puschelchens Käfig haben, da wollten sie im Garten auf der anderen Seite nicht auch noch auf einen Meerschweinchenkäfig gucken. Dann hätten sie ja gar keinen so teuren Garten anlegen lassen müssen, hat Frau Voisin gesagt. Ich finde aber, dass der Blick auf einen Meerschweinchenkäfig viel schöner ist als der Blick auf einen Rollrasen.

(Und übrigens heißt Rambi in Wirklichkeit Rambo, aber das sage ich nicht, weil es kein schöner Name ist. Petja hat ihn ausgesucht, weil er Rambi zu Silvester beim Rathaus eingefangen und gerettet hat. Ich finde, es ist ein richtiger Jungs-Meerschweinchenname.)

Habe ich jetzt alles erklärt? Die Kinder und die Erwachsenen und die Tiere? Und konnte man merken, wie schön wir es im Möwenweg haben? Ich glaube nicht, dass es irgendwo auf der Welt schöner sein kann. Darum wollen Tieneke und Fritzi und Jul und ich auch immer hier wohnen bleiben. Das geht ganz einfach, weil wir nämlich später mal die Jungs heiraten, das sind ja auch vier, da geht es ganz genau auf. Dann haben wir es auch später noch schön, wenn wir erwachsen sind.
Aber bis dahin ist ja noch ziemlich viel Zeit. Zum Glück.

2

Ich habe ein Geheimnis und wir kriegen ein Besuchskind

»Wenn es jetzt nicht bald Frühling wird, werde ich wuschig!«, hat Mama eines Morgens gesagt. Sie hat aus dem Fenster geguckt, als ich mir am Tag nach dem Valentinstag meine Schnürsenkel zugebunden habe. Ich musste ja zur Schule. »Findest du nicht auch, dass es jetzt langsam mal lange genug Winter war? Findest du diese graue Zeit nicht auch grauslich, Taramädchen? Überhaupt nichts Schönes, schon seit Silvester nicht mehr!«
Da hat es geklingelt und Tieneke stand vor der Tür. Sie wollte mich zur Schule abholen. Darum konnte ich Mama leider nicht mehr erklären, dass ich sie ziemlich dumm finde. (Das sagt man eigentlich nicht zu einer Mutter. Auch wenn es ja manchmal stimmt.) Weil man es sich doch immer schön machen kann, wenn man möchte!
Michael hat mal zu Papa gesagt, dass man schließlich selbst entscheiden kann, ob man ein Glas halb voll oder halb leer findet. (Das soll bedeuten, dass man selbst entscheiden kann, ob man sich *freuen* will, weil es noch halb voll ist, oder *traurig* sein, weil es schon halb leer ist.) So ist es auch mit dem Februar. Man

kann sagen, dass er grauslich ist, weil er grau ist, und man kann sagen, dass er schön ist, weil es da nämlich den Valentinstag gibt und auch noch Fasching. Ich sage lieber, der Februar ist schön.

Der Valentinstag war ja nun leider schon vorbei, da hatten Tieneke und Fritzi und Jul und ich ganz viele schöne Karten gebastelt, und in der Schule hatte unsere Klasse sogar Valentinspost gespielt; da hatten wir in allen Klassen am Tag vorher Valentinskarten eingesammelt (geheim, ohne Absender!) und dann am Valentinstag ausgeteilt wie die echte Post, so was finde ich gut.

»Und weißt du was?«, hab ich zu Tieneke gesagt. »Richtig vorbei ist der Valentinstag nämlich eigentlich noch gar nicht. Weil ich doch schließlich immer noch nicht ganz weiß, von wem ich meine Karten habe!«

»Klar weißt du das!«, hat Tieneke gesagt. Tieneke ist morgens immer noch nicht richtig ausgeschlafen. Sie ist ein echter Morgenmuffel, sagt ihre Mutter. Darum ist sie auf dem Schulweg manchmal auch ziemlich maulig und muss immer widersprechen. »Von mir hast du eine und von Petja und von deinem Verliebten Vincent …«

»Vincent ist nicht mein Verliebter!«, hab ich ganz böse gesagt. Obwohl wir ja abgemacht haben, dass ich Vincent später mal heirate. Und Tieneke heiratet Laurin. Aber verliebt sind wir deswegen noch lange nicht. »Und außerdem weiß ich die Karten aus dem Möwenweg sowieso alle! Aber die aus der Schule weiß ich nicht und ätschibätschi.«

»Klar weißt du die!«, hat Tieneke gesagt. »Von mir und von Kiki und von Caro und von …«

»Ja, ja, ja!«, hab ich gesagt. Man hat gemerkt, dass Tieneke immer noch morgenmuffelig war. Aber vielleicht war es auch nicht ganz so nett von mir gewesen, dass ich »ätschibätschi« gesagt hatte. »Aber die mit dem süßen Babydrachen drauf weiß ich nicht! Die ist geheim!« Und ich hab gedacht, dass Tieneke nun vielleicht ein bisschen neidisch ist, weil ich eine ganz geheime Valentinskarte habe und sie nicht. Sie wusste ja bei allen Karten, wer sie geschrieben hatte.

»Na und?«, hat Tieneke gesagt. »Was ist daran so besonders?« Und sie hat mich ganz böse angeguckt.

Genau da ist Kiki angerannt gekommen, die ist auch in unserer Klasse, darum geht sie meistens morgens auch mit uns zusammen.

»Seid ihr verkracht?«, hat Kiki gefragt. Eigentlich hätte sie ja zuerst »Guten Morgen!« sagen müssen.

Wir haben beide den Kopf geschüttelt.

»Aber Tara ist eine alte Angeberin!«, hat Tieneke gesagt. »Nur weil sie eine Valentinskarte nicht weiß!«

»Bin ich nicht!«, hab ich gesagt. »Ich kann doch nichts dafür, wenn die geheimnisvoll ist!«

Dann hab ich die Karte aus meinem Ranzen geholt und Kiki gezeigt. Ich hatte sie nämlich extra mitgenommen, damit ich in der Schule heimlich die Schrift vergleichen konnte. Es war eine ein bisschen krakelige Kugelschreiberschrift, wie Jungs schreiben, und vorne war ein Babydrache drauf, in Rosa, der war so niedlich! Da hab ich gedacht, dass ja vielleicht ein Junge in mich verliebt ist und hat deshalb extra eine ganz besonders schöne Karte für mich ausgesucht. Vielleicht hat er sogar ganz lange vor dem Kartenständer bei uns im Supermarkt gestan-

den und gegrübelt. Eigentlich will ich grade nicht so gerne verliebt sein, es passt nicht so gut, und ich weiß auch nicht genau, was man da alles machen muss; und außerdem muss ich ja auch Vincent heiraten. Aber ich fand es trotzdem schön, dass sich einer für mich so viel Mühe gegeben hatte.

»Süß!«, hat Kiki geschrien. »Und die hat dir ein Junge geschickt?«

»Ich weiß aber nicht, welcher«, hab ich gesagt. »Das ist irgendwie ein Geheimnis.«

»Das kriegen wir raus!«, hat Kiki gesagt. »Oder, Tieneke? Ist das einer aus unserer Klasse?«

Tieneke hat immer noch maulig geguckt, aber vielleicht nicht mehr ganz so maulig.

»Keine Ahnung«, hab ich gesagt. Der Schreiber konnte ja wirklich ein Junge aus unserer Klasse sein (das wollte ich eigentlich nicht so gerne, weil ich die alle ziemlich kindisch finde) oder aus der vierten, das hab ich eher geglaubt. Da sind sie ja schon älter und sehen besser aus und verlieben sich vielleicht auch leichter.

»Lass sehen!«, hat Kiki gesagt und sich die Schrift angeguckt. »Hm, unordentlich! Jungsschrift, aber hundertpro! Den müssen wir ausspionieren!«

Da hab ich gleich ein gutes Gefühl gekriegt. Ausspionieren macht immer so viel Spaß, aber leider kommt man so selten dazu, weil es bei uns nicht genug Verbrecher gibt. Die spioniert man ja eigentlich aus. Es war ein bisschen wie in meiner Lieblingsserie im Fernsehen und wie in meinem Lieblingsbuch auch. Und Tieneke hat auch gleich wieder fröhlicher ausgesehen.

»Caro!«, hat Kiki geschrien, als wir auf den Schulhof gekommen sind. Da stand Caro schon in der Klassenschlange vor unserem Pavillon. »Komm mal her!«

Dann hat Kiki einen Finger an die Lippen gelegt, das sollte bedeuten, dass alles ganz geheim war, und dann hat sie geflüstert, dass ich gestern eine Liebeskarte gekriegt habe und dass wir unbedingt rauskriegen müssen, wer mir die geschickt hat.

»Das ist doch sonst peinlich!«, hat Kiki gesagt. »Nachher tickt Tara den sonst noch aus Versehen beim Tickenspielen!«

»Oder vielleicht versteckt sie sich beim Verstecken mit ihm im selben Versteck, und dabei ist der in sie verliebt!«, hat Caro ganz erschrocken gesagt.

»Igitt!«, hat Kiki geschrien. »Meinst du, dass der sie dann küsst?«
Caro hat gesagt, dass man das nie wissen kann, und darum müssen wir die Liebeskarte aufklären. Tieneke hat gesagt, na gut, dann macht sie auch mit. Und ich wollte es jetzt auch ganz unbedingt wissen. Mich aus Versehen mit einem verstecken, der in mich verliebt war, wollte ich jedenfalls nicht.
Da ist aber schon Frau Streng gekommen und hat unsere Klassentür aufgeschlossen, darum konnten wir unsere Pläne leider nicht weiter besprechen. Und sowieso mussten wir uns jetzt erst mal um etwas anderes kümmern.

Das andere war nämlich ein neues Mädchen, das wir gar nicht kannten, das stand neben Imkes Stuhl in unserer Klasse und hat sich nicht hingesetzt, als wir uns alle hingesetzt haben (es gab ja auch keinen Platz mehr bei uns im Klassenzimmer), und hat immer so auf den Boden geguckt. Und es hatte auch gar keinen Schulranzen dabei, nur eine ganz kleine Tasche. Da bin ich gleich neugierig gewesen.

»Nanu?«, hat Frau Streng ganz überrascht gesagt. Aber auch ganz freundlich. Frau Streng *ist* nämlich überhaupt nicht streng, auch wenn sie so heißt. Sondern sehr nett und sehr lustig. Das hört man an ihrem Namen ja leider nicht. »Eine neue Schülerin? Und das Schulbüro hat mir gar nichts davon gesagt?«

Aber da hat Imke sich gemeldet, und sie hat überhaupt nicht gewartet, bis Frau Streng sie drangenommen hat.

»Das ist doch Heike!«, hat sie gesagt. »Die ist doch meine Freundin!«

»Oh«, hat Frau Streng gesagt. »Wie schön! Aber dann würde es ja bald ziemlich voll in unserer Klasse werden, wenn alle Kinder einfach immer ihre Freunde zur Schule mitbringen würden!«

Das stimmt aber nicht. Weil unsere Freunde ja sowieso fast alle in unserer Klasse sind.

Imke hat gesagt, es ist auch nur, weil Heike bei ihr zu Besuch ist. Ihre Mutter hat morgen Geburtstag, und da gibt es eine große Feier, und da sind Heike und ihre Mutter aus Altenburg gekommen. Und für Heike ist es ja langweilig so den ganzen Morgen nur mit zwei erwachsenen Frauen zu Hause, da wollte sie lieber mit zur Schule kommen.

»Na, so was!«, hat Frau Streng gesagt. »Kinder, die freiwillig zur Schule gehen, sind bei uns immer herzlich willkommen. Dann setzt du dich am besten mal mit zu Imke an den Tisch, Heike. Da passen doch vielleicht auch drei Kinder hin.«
Und das hat tatsächlich gestimmt. Auch wenn es ein bisschen gequetscht war.
In der ersten Stunde haben wir immer alle zu der neuen Heike hingeguckt. Ich finde es so besonders, wenn Besuchskinder bei uns in der Klasse sind. (Adrian hatte auch schon mal einen Cousin dabei, aber der war ziemlich blöde.) Zuerst hat Heike immer nur so ganz schüchtern vor sich auf den Tisch geguckt, aber dann haben wir Wortarten gemacht, und da hat sie sich plötzlich sogar gemeldet.
Nämlich, als wir sagen sollten, was »gelb« für eine Wortart ist. André war zuerst dran, und er hat gesagt, »gelb« ist ein Farbwort, und da haben alle gelacht. Und Frau Streng hat gesagt, das war jetzt nicht nett von uns. Wir hatten doch abgemacht, dass wir in unserer Klasse nicht lachen, wenn einer etwas Falsches sagt, das kann schließlich jedem mal passieren. Und so *ganz* falsch war Andrés Antwort ja auch gar nicht, Gelb ist schließlich eine Farbe. Aber »Farbwort« ist leider keine Wortart.
Da hat sich die Besuchs-Heike blitzschnell gemeldet und hat gesagt, dass es ein Adjektiv ist und man kann auch Eigenschaftswort dazu sagen. Oder Wie-Wort, das sagen aber die Babys.
Und Frau Streng hat gesagt, Donnerwetter, in Altenburg lernen sie aber tüchtig in der Schule, und dass sie sich nun doppelt freut, dass Heike heute bei uns zu Besuch ist. Dann ist der

Unterricht weitergegangen wie an jedem Tag, nur dass Heike sich ganz oft gemeldet hat und ziemlich viel wusste.
Da war ja klar, dass Frau Streng recht hatte und dass sie in Altenburg wirklich tüchtig lernen. Ich weiß aber nicht, wo Altenburg liegt.
In der kleinen Pause haben wir uns alle um Imkes Tisch gedrängelt, weil wir mit ihrer Heike reden wollten. Kiki und Caro und Tieneke fanden ein Besuchskind logisch auch besonders.

»Hast du bei dir zu Hause einfach so freigekriegt, damit du zum Geburtstag fahren kannst?«, hat Caro gefragt. »Meine Mutter nimmt mich nie für so was aus der Schule!«
Aber Heike hat gesagt, bei ihnen in Sachsen-Anhalt sind jetzt Winterferien, darum hat es gut gepasst.

Da wusste ich ja, wo Altenburg liegt, aber trotzdem habe ich es sehr ungerecht gefunden. Bei uns kommen nach den Weihnachtsferien immer als Nächstes gleich die Osterferien und Winterferien haben wir überhaupt nicht. Das ist doch nicht fair, dass sie in Altenburg mehr Ferien haben als wir! Aber jetzt war die Heike ja sowieso wieder in der Schule, da musste ich es vielleicht nicht ganz so schlimm finden. Ich kann trotzdem nicht verstehen, warum ein Kind freiwillig woanders zur Schule geht, wenn es eigentlich Ferien hat.
Heike hat aber gesagt, dies ist ja eine andere Schule, da findet sie es spannend. Und Noten kriegt sie auch nicht.
Dann ist schon wieder Frau Streng gekommen und wir haben Mathe gemacht (das Einmaleins mit dreizehn), darum mussten wir bis zur nächsten Pause warten mit dem Weiterreden. Das war zum Glück eine große Pause, da hatten wir mehr Zeit und konnten auch auf den Schulhof gehen.
Sonst rennen in der großen Pause immer alle zuerst zu dem großen Kletterhaus am Zaun, um einen guten Platz auf dem Dach zu ergattern, aber heute wollten wir lieber mit Heike reden. (Wenigstens die Mädchen. Da hatten die Jungs das Kletterhaus ganz für sich alleine.) Ich hab gedacht, dass ich in den Ferien vielleicht auch mal bei einer Freundin mit in eine fremde Schule gehen möchte. Wenn man ein Besuchskind ist, finden einen alle so interessant. Aber ich hab nicht gewusst, bei welcher Freundin das klappen kann. Meine Freundinnen gehen ja alle bei uns in die Schule.
»Wieso seid ihr denn befreundet, du und Imke?«, hat Caro grade gefragt. »Wo du doch in Altendingsbums wohnst und Imke wohnt hier bei uns?«

»Weil meine Mutter früher auch in Altenburg gewohnt hat!«, hat Imke gerufen. »Und da war sie die Freundin von Heikes Mutter, und da haben sie beide gleichzeitig ein Baby gekriegt, und da haben sie es beide fast gleich genannt! Weil sie doch Freundinnen waren!«

»Wieso das denn?«, hat Caro gefragt. »Imke und Heike ist doch nicht gleich!«

Weil Imke und Heike ja nicht mit dem gleichen Buchstaben anfängt wie Tara und Tieneke, zum Beispiel. Aber Imke und Heike haben schon genau gleichzeitig geschrien: »Im-ke! Und Hei-ke!« Nur dass Heike »Hei-ke! Und Im-ke!« geschrien hat. Jede wollte logisch ihren eigenen Namen zuerst. Aber wir haben es trotzdem verstanden.

»Beide mit -ke!«, hat Kiki gesagt. »Wie lustig!«

Da hat Tieneke sich vorgedrängelt. »Und ich bin ja auch mit -ke!«, hat sie gerufen. »Tiene-ke! Dann bin ich ja auch eure Freundin!«

Alle aus der Klasse haben gerufen, oh ja, das stimmt, und dass es richtig lustig ist. Und Caro hat vorgeschlagen, dass die drei dann doch auch eine Bande sein können. »Die drei -kes«, hat sie gesagt. »Oder? Oder?«

Ich hab genau gesehen, dass Tieneke sich ganz wichtig vorgekommen ist, nur weil ihr Name auch mit so einem blöden -ke aufhört, und sie hat gesagt, logisch sind sie jetzt eine Bande, das wollte sie auch gerade vorschlagen. Darum müssen sie jetzt auch immer zusammen spielen, solange Heike bei uns zu Besuch ist, und mich hat sie gar nicht mehr angeguckt. Dabei sind *wir* doch allerbeste Freundinnen! Da konnte sie doch nicht einfach so eine neue Bande aufmachen, ganz ohne mich!

Aber leider konnte sie das doch. In allen Pausen hat sie mit Heike und Imke zusammengestanden und getuschelt, als ob sie ein Bandengeheimnis haben, und nach der Schule ist sie auch gar nicht mit zu mir nach Hause gekommen zum Mittagessen (das tut sie ja sonst immer, weil ihre Mutter dann noch nicht von der Arbeit zurück ist), sondern zu Imke.
Sie hat mir aber noch kurz zugewinkt, bevor sie gegangen ist. »Sag deiner Mutter Bescheid, Tari!«, hat sie gerufen. »Wir müssen leider noch Bandensachen besprechen! Übermorgen komm ich wieder zu dir.«
Ich hab aber nur ganz böse geguckt. Ich hab gedacht, dass Tieneke das vielleicht nur macht, weil sie immer noch neidisch auf mich ist wegen meiner Liebeskarte. Und dass wir da nun ganz vergessen hatten zu spionieren.
Und alles nur wegen dieser blöden Heike.

3

Ich kümmere mich um Rambi und esse Marmorkuchen

Als ich zu Hause angekommen bin, hatte ich ganz stinkige Laune. Mama hatte Kohlrabi gekocht, das mag ich sowieso nicht so gerne. Ich hätte es besser gefunden, wenn sie Fischstäbchen mit Pommes gemacht hätte. Und Tieneke hätte die dann verpasst, das wäre ihr recht geschehen. Kohlrabi verpassen ist ja nicht so schlimm.
Ich hab meinen Teller also nicht leer gegessen, und Mama hat gesagt, wenn ich sauer bin auf Tieneke, ist das noch lange kein Grund, nicht vernünftig zu essen. Und ich soll nicht glauben, dass ich dann heute Nachmittag ein Eis kriege oder Kekse, wenn ich Hunger habe. Und mein nörgeliges Gesicht beim Essen hat ihr auch nicht gefallen. Es kann nun mal nicht jeden Tag Spaghetti geben oder Pizza und Kohlrabi ist gesund.
Da war ich auch noch böse auf Mama.
»Warum kann es nicht jeden Tag Spaghetti geben, Mama?«, hat Maus gefragt. »Aber mit ohne Soße!«
»Weil das nicht gesund ist«, hat Mama gesagt. »Davon wirst du nicht groß und stark. Da sind keine guten Vitamine drin.«

»Nee, von Spaghetti wirst du fett wie eine Wurst!«, hat Petja gesagt. »Uuuaaah, Sumo-Ringer!« Und er hat sich immer so auf die Brust getrommelt.
»Uuuaah, Sumo-Ringer!«, hat Maus auch geschrien. Er muss Petja ja immer alles nachmachen. »Ist das geil, Petja? Ist Sumo-Ringer geil?« Aber seine Kohlrabi hat er auch nicht gegessen.

Petja hat gesagt, das ist Geschmackssache. Wenn einer es geil findet, dass er für seinen Hintern zum Sitzen fünf Stühle braucht, dann soll er ruhig immerzu Spaghetti fressen und Sumo-Ringer werden. Und Mama hat gesagt, es heißt nicht geil und es heißt nicht fressen, und sie weiß überhaupt nicht, warum sie immer stundenlang in der Küche steht und Gemüse für

uns schnippelt, und dann isst das doch keiner. »Aber wenigstens Rambi hat sich über die Kohlrabireste gefreut«, hat sie gesagt.
Da ist mir eingefallen, dass ich doch nicht ganz einsam bin auf der Welt, auch wenn Tieneke jetzt mit ihren neuen Freundinnen spielt und mich verlassen hat. Ich habe immer, immer, immer noch Rambi, und der freut sich sogar schon, wenn er meine Schritte hört. Da kann mir Tieneke doch gestohlen bleiben, die treulose Tomate.
Ich hab also schnell meinen Teller und mein Besteck in die Spülmaschine geräumt, und dann bin ich hinten durch unseren Garten in den Garten von Oma und Opa Kleefeld geflitzt. Da saß Rambi ganz friedlich in seinem Käfig und hat Kohlrabischalen gefressen, aber als er mich gehört hat, hat er gleich aufgehört und hat angefangen zu fiepen.
»Na, Rambi?«, hab ich geflüstert und mit meinem Schlüssel das niedliche Vorhängeschloss vor dem Käfig aufgeschlossen. »Na, kleiner Rambi?«
Dann hab ich ihn aus dem Stroh gehoben, wo er sich eine schöne Sitzhöhle gewühlt hat, und hab ihn auf den Arm genommen. Und Rambi hat sich auch gleich so weich und warm an mich gekuschelt, dass man gemerkt hat, ich bin sein allerallerliebster Mensch, und wenn einer kommt und heißt hinten mit -ke oder mit -bi (weil das ja bei Rambi besser passt), ist ihm das ganz gleich und er hat mich immer noch am liebsten.
»Und ich dich auch, Rambi«, hab ich geflüstert und ihm den Rücken gestreichelt. Meerschweinchenfell fühlt sich beim Streicheln immer so gut und so glatt und sauber an. Wie frisch geduscht. Dabei duschen Meerschweinchen doch gar nicht.

»Und du bist auch mein allerallerbester Freund auf ewig! Und wenn die blöde Heike wieder weg in ihrem blöden Altenburg ist und die blöde Tieneke kommt wieder angejammert und will wieder meine beste Freundin sein, dann kann sie aber leider lange jammern! Ich nehm die bestimmt nicht zurück, die treulose Tomate.«

»Wer ist eine treulose Tomate?«, hat da Opa Kleefeld gefragt. Ich hatte gar nicht gemerkt, dass er auf seine Terrasse gekommen war. Das tut er manchmal, wenn ich Rambi füttere. Man soll sich die Gelegenheit zu einem kleinen Schwatz nie entgehen lassen, sagt er. Das finde ich richtig.

Also hab ich ihm von Heike erzählt und von der Bande und dass ich nie mehr mit Tieneke befreundet sein will. In meinem ganzen Leben nicht.

»Hm«, hat Opa Kleefeld gesagt. »Das ist natürlich deine Entscheidung. Aber zu einer guten Freundschaft gehört auch mal ein guter Ärger, glaub das mal einem alten Mann mit Erfahrung. Und jedes Mal, wenn man sich danach wieder vertragen hat, ist die Freundschaft noch besser geworden.«

Ich hab gesagt, dass das bei mir bestimmt nicht so ist, dafür war Tieneke viel zu gemein. Und Opa Kleefeld hat gefragt, ob ich vielleicht ein schönes Stück frischen Marmorkuchen haben möchte, den hat Oma Kleefeld heute Morgen gerade gebacken.

Das wollte ich ganz unbedingt. Alles, was Oma Kleefeld macht, ist nämlich immer das Beste von Deutschland, das wusste ich ja. Sie macht Deutschlands besten Kartoffelsalat (Fritzi sagt: den besten von der Welt) und Deutschlands besten altmodischen Schokoladenpudding, und bestimmt macht sie auch

Deutschlands besten Marmorkuchen. Und außerdem finde ich es so merkwürdig und ungewöhnlich, wenn man mitten im Winter seinen Marmorkuchen auf der Terrasse isst. Das hat Tieneke bestimmt noch nie gemacht.
»Hmmm«, habe ich gesagt und Rambi zurück in seinen Käfig gesetzt. »Vielen Dank, Opa Kleefeld! Der ist viel leckerer als der von Mama!«
Da hat Opa Kleefeld gesagt, das kann er sich gar nicht vorstellen, aber er richtet seinem Chef das Kompliment trotzdem aus. Sein Chef ist ja Oma Kleefeld.
Ich hab gedacht, wie gut es war, dass ich beim Mittagessen

nicht die langweiligen Kohlrabi gegessen hatte, dann wäre in meinem Magen jetzt gar kein Platz mehr gewesen für Deutschlands besten Marmorkuchen. Und grade, als ich fragen wollte, ob ich vielleicht noch ein zweites Stück haben kann (ich weiß, das soll man eigentlich nicht, weil es nicht höflich ist, aber bei Oma und Opa Kleefeld geht das), hat Mama den Kopf über den Zaun gestreckt.

»Tara?«, hat sie gerufen. »Da ist Besuch für dich!«

»Wer denn?«, hab ich gefragt. Aber eigentlich hab ich es schon halb gewusst.

»Tieneke!«, hat Mama gesagt. »Und noch zwei Mädchen, aber die kenne ich nicht.«

Ich hab auf meinen Kuchenteller geguckt und gedacht, dass es gut wäre, wenn Opa Kleefeld jetzt zu sich reingehen würde. Weil ich plötzlich doch ganz unbedingt wieder mit Tieneke vertragen sein wollte. Ist das nicht komisch? Ich weiß auch nicht, warum.

Aber nun hatte ich zu Opa Kleefeld gesagt, dass ich nie in meinem ganzen Leben wieder Tienekes Freundin sein wollte, da konnte ich doch jetzt nicht so einfach zurückgehen! Sonst hätte Opa Kleefeld noch gedacht, dass ich ihn beschwindelt habe oder dass ich wankelmütig bin. Wankelmütig heißt, dass man seine Meinung immerzu ändert, und das ist ja nicht so gut. Aber es ist ein schönes Wort, finde ich. *Wankelmütig* klingt irgendwie lustig.

»Na?«, hat Opa Kleefeld da geflüstert. »Nun aber nichts wie hin! Denk daran, was ich dir über gute Freundschaften und wieder vertragen erzählt habe! Glaub einem alten Mann!«

Da hab ich ihn so angeguckt, und dann hab ich »Na gut!« ge-

sagt, und dann bin ich zu uns rüber auf die Terrasse geflitzt. Wenn Opa Kleefeld denkt, dass ich mich nur wieder mit Tieneke vertrage, weil er gesagt hat, dass ich das soll, dann ist das ja in Ordnung. Dann ist das nicht wankelmütig.
Aber ein zweites Stück Marmorkuchen hab ich nun leider nicht mehr gekriegt.

4

Wir sind wieder vertragen

In unserer Küche standen Tieneke und Imke und Heike und haben auf mich gewartet.
»Na, Tari?«, hat Tieneke gesagt. Sie hat überhaupt nicht so geklungen, als ob sie gemerkt hatte, dass ich mit ihr verkracht war, ist das nicht komisch? Da hab ich gedacht, dann ist es vielleicht einfacher, wenn ich ihr gar nicht erzähle, wie sauer ich auf sie war und dass ich nie wieder mit ihr spielen wollte. Jetzt waren wir ja sowieso wieder vertragen. »Ich hab Heike und Imke von deiner Liebeskarte erzählt, und da wollten sie die so gerne mal angucken!«
»Ich hab zum Valentinstag noch nie eine Karte von einem Jungen gekriegt«, hat Heike gesagt. Das fand ich gut von ihr. Sie hätte ja auch erzählen können, dass sie immerzu Karten von Jungs bekam, das konnte ich ja nicht wissen.
»Ich auch nicht!«, hat Imke gesagt.
Da hab mich auf einmal wieder ganz gut gefühlt.
»Och, ich hab ganz viele!«, hab ich gesagt. Das war ja nicht gelogen. Schließlich hatte ich auch noch eine Karte von Vincent und eine von Laurin, die sind doch auch Jungs. (Die von Petja

und von Maus zählen logisch nicht. Die sind ja meine Brüder.)
»Wollt ihr mal gucken?«
Dann sind wir hoch in mein Zimmer gegangen und ich habe ihnen all meine Valentinskarten gezeigt. Ich hatte sie mit einem roten Seidenband zusammengebunden und in meinen Schreibtisch gelegt. Das Seidenband war von dem Weihnachtspaket, in dem am Heiligabend meine Lavalampe gewesen war.
»Ich muss mal eben aufs Klo«, hat Imke gesagt und ist ganz rot geworden, als sie rausgegangen ist. (Ich finde aber nicht, dass man wegen Klo rot werden muss, nicht bei seinen Freundinnen.)
Da hat Heike sich die Karten eben alleine angeguckt, die von Tieneke und die von Jul und die von Vincent und sogar die krakelige Karte von Maus. Aber die Karte mit dem niedlichen Babydrachen war irgendwie nicht dabei.
»Komisch«, hab ich gesagt und unter dem Schreibtisch nachgeguckt, ob sie vielleicht runtergefallen war. Aber da lag sie auch nicht.
»Ist doch ganz egal!«, hat Heike gesagt. »Ich glaub dir das trotzdem.« Und als Imke wieder reingekommen ist, hat sie gesagt, dass sie das auch tut. Und Tieneke hat gesagt, eigentlich könnte ich ja auch mit in ihre Bande. Als sie bei Imke zu Hause waren, haben sie nämlich beschlossen, dass »Die drei -kes« ein blöder Name für eine Bande ist, darum heißen sie jetzt »Die drei wilden Hasen«, nach einer berühmten Serie und auch, weil Tieneke doch Wuschelchen und Puschelchen hat.
»Und da können wir genauso gut ›Die *vier* wilden Hasen‹ heißen!«, hat Tieneke gesagt. »Dann kannst du auch mitmachen!«

Da hab ich gedacht, dass Opa Kleefeld recht gehabt hat und dass unsere Freundschaft nach dem Ärger vielleicht sogar noch besser war als vorher. Oder wenigstens genauso gut.

»Und was machen ›Die vier wilden Hasen‹?«, hab ich gefragt. Wir hatten bei uns im Möwenweg nämlich schon mal eine Bande gehabt, die hieß »The Seven Cool Kids«, und da hatten wir leider keine richtigen Bandenaufgaben gewusst. Einmal hatten wir einen Verbrecher gejagt, weil Banden das ja sollen, aber das war dann doch nur Herr Voisin.

»Die machen einen Film«, hat Heike ganz entschieden gesagt. »Oder?«

Ich hab gefragt, wie das denn wohl gehen soll. Aber Heike hat gesagt, sie hat zu Weihnachten einen Camcorder gekriegt, damit können wir den drehen. Wir müssen nur noch überlegen, was auf dem Film drauf sein soll.

Ich hab gedacht, dass sie das mit dem Film vielleicht nur vorgeschlagen hat, weil sie mit ihrem Camcorder angeben wollte. Einen Camcorder hat von uns Kindern im Möwenweg ja keiner. Aber es war mir auch egal. Einen Film fand ich trotzdem eine gute Idee.

Und grade als Heike gesagt hat, dann holt sie ihren Camcorder mal, hat es unten geklingelt und Fritzi stand vor der Tür. Sie hat gesagt, Jul ist wieder so mies drauf und meckert sie immer an. Und sie langweilt sich und ob ich vielleicht mit ihr spielen will.

Ich hab gesagt, na gut, sie kann bei uns mitmachen, wir wollten sowieso grade einen Film drehen, da kann man vielleicht jede Hand brauchen. Aber in unsere Bande aufnehmen können wir sie nicht so einfach. Fritzi hat gesagt, okay.

Da war es sehr eng in meinem Zimmer. So groß ist es schließlich nicht, und nun waren wir ja auf einmal fünf Kinder! Aber dann wussten wir erst mal sowieso nicht, was für einen Film wir drehen wollten.

»Ein Liebesfilm kommt jedenfalls nicht infrage!«, hat Tieneke gesagt. »Nur über meine Leiche!«

»Nee, nur über meine Leiche auch«, hat Imke gesagt. »Wir wollen ja wohl nicht rumknutschen, oder?« Und sie hat die Lippen ganz spitz gemacht und immer so in die Luft geküsst.

»Das will ja wohl kein Mensch!«, hab ich geschrien. »Igitt!«
»Aber wir können doch Petja Bescheid sagen!«, hat Fritzi gesagt. Wirklich, manchmal ist sie noch sehr dumm! »Dann haben wir einen echten Jungen. Man braucht Jungs zum Küssen.«
»Bist du blöde?«, hab ich gesagt. Plötzlich hab ich richtig Angst gehabt, dass der Film nachher peinlich werden würde.
Aber dann ist Heike zum Glück eingefallen, dass Tieneke doch »Nur über meine Leiche!« gesagt hatte, und da hat sie vorgeschlagen, dass unser Film vielleicht ein Krimi werden könnte.
»Aber ich will nicht der Mörder sein!«, hat Imke sofort gerufen, und Fritzi hat gesagt, sie will das auch nicht. Sie mag ja im Sommer noch nicht mal die armen Mücken totschlagen, wenn die kommen, um sie zu stechen. Und Spinnen saugt sie auch nicht mit dem Staubsauger weg.
Heike hat gesagt, sie würde es machen, so schlimm findet sie Mörder sein nicht, es ist ja nicht in echt. Aber sie steht ja hinter der Kamera. Da geht es nicht.
»Guckt mich nicht immer so an!«, hab ich gesagt. »Ich will auch nicht der Mörder sein! Und die Leiche auch nicht, übrigens.«
Da hat sich herausgestellt, dass die anderen alle auch nicht die Leiche sein wollten.
»Was ist das denn für ein Krimi?«, hat Heike böse gefragt. »Ohne Mörder und ohne Leiche? Meine Freundinnen in Altenburg stellen sich nicht so an, also wirklich!«
Aber da ist Tieneke schon die ganze Zeit immer so hibbelig hochgehüpft, und dann hat sie gerufen, sie weiß, was wir machen. »Wir drehen einen Tierfilm«, hat sie gesagt. Wenn wir doch »Die vier wilden Hasen« sind (Fritzi ja nicht, aber das hat

nichts ausgemacht), dann passt es schließlich gut, wenn wir einen Hasenfilm drehen, und die Hauptdarsteller weiß sie auch schon.

»Wuschelchen und Puschelchen!«, hat sie gerufen.

Das fanden wir alle eine gute Idee, aber Fritzi hat gefragt, ob wir denn dann alle gar nicht in dem Film vorkommen. Sie möchte auch gerne eine Schauspielerin sein.

»Logisch kommen wir auch vor!«, hab ich gerufen. »Wir drehen einen Film mit Tierdressur und wir sind die Dompteure! Wie im Zirkus! Und Rambi macht auch mit.« Sonst wäre es ja ungerecht gewesen.

Tieneke hat gesagt, na gut, das darf er ihretwegen, aber ein echter Hase ist er natürlich nicht. Ich hab gesagt, die dressierten Tiere im Zirkus sind auch keine Hasen und wir können es in unserem Film ja wohl machen wie im echten Zirkus.

Das fanden die anderen alle auch, darum sind Tieneke und Heike und Imke losgeflitzt, um Wuschelchen und Puschelchen zu holen, und Fritzi und ich haben Rambi geholt.

»Nanu, will da etwa jemand noch mal ein Stück leckeren Marmorkuchen?«, hat Opa Kleefeld gefragt und ganz erstaunt ausgesehen, als ich schon wieder auf seiner Terrasse aufgetaucht bin.

Aber ich hab mir nur schnell Rambi geschnappt und gesagt, nein, vielen Dank, jetzt grade mal nicht. Wir müssen nämlich einen Film drehen.

»Oh haua-haua-ha!«, hat Opa Kleefeld gesagt. »Und kriegt man den vielleicht auch mal zu sehen?«

Da hab ich geschrien (ich war nämlich schon wieder fast in unserem Haus, da musste ich ja schreien), dass ich das noch

nicht weiß. Aber ich hab gedacht, dass das Filmen jetzt ja noch viel mehr Spaß macht, wenn wir sogar schon Zuschauer haben.
In der Küche hat Mama mich angehalten und Rambi immer so angeguckt. »Und was soll das werden, wenn es fertig ist?«, hat sie gefragt. Sonst wohnt Rambi ja draußen.
»Wir drehen einen Tierfilm!«, hab ich gesagt. »Heike hat eine Kamera! Und Wuschelchen und Puschelchen kommen da auch drin vor!«

Mama hat gesagt, dass sie das eine schöne Idee findet, aber mit so vielen Kindern und so vielen Tieren machen wir das vielleicht besser unten in unserem Keller. Da haben wir mehr Platz, und es macht auch nichts, wenn es ein bisschen Schmutz gibt. Es könnte ja sein, dass unsere Hauptdarsteller vor lauter Auf-

regung zwischendurch mal irgendwo ihr Geschäft erledigen, und das kann man im Keller dann besser wegmachen.
»Ich mach ja wohl nicht zwischendurch einfach mal mein Geschäft!«, hat Fritzi ganz böse gesagt. »Ich mach doch nicht mehr in die Hose!« Man stelle sich vor, sie hatte gedacht, dass Mama uns damit meint!
Aber Mama hat gelacht und gesagt, nein, nein, sie hatte eigentlich mehr Rambi und Wuschelchen und Puschelchen im Visier. Die sollten in dem Film doch unsere Hauptdarsteller sein und bei denen kann so was schon mal vorkommen.
Den Keller fand ich übrigens auch eine viel bessere Idee als mein Zimmer. Weil im Keller in den Regalen ja auch alle möglichen Sachen lagen, die wir für unseren Zirkus brauchen konnten: alte Spielzeugkisten mit schmuddeligen Stofftieren und die Plastiktonne mit den Duplosteinen, die zuerst Petja gehabt hatte und dann ich und dann Maus (der spielt manchmal sogar immer noch damit), und der alte große Kipplaster, der noch so gut wie neu war, weil keiner von uns gerne damit gespielt hat. Er war nämlich ganz langweilig aus Holz und braun und überhaupt nicht angemalt. Ich weiß eigentlich nicht, warum Erwachsene solche Spielsachen immer so gut finden. Ich finde Plastiksachen besser.
Und Petjas Skateboard war auch im Keller und unser Minitrampolin und sogar die ganz uralten bunten Holzbauklötze, die Petja und Maus und ich hatten, als wir noch Babys waren. Da hatten wir bestimmt genug Sachen, um einen Tierfilm zu drehen.

5

Wir drehen einen Tierfilm, aber eigentlich nur Petja

»Cool!«, hat Heike geschrien, als sie mit ihrer Kamera und mit Wuschelchen und Puschelchen von Tieneke zurückgekommen sind. »Hier kann man ja einen richtigen Kaninchen-Slalom aufbauen!«
Und das wollten wir zuerst auch machen. Wir haben die alten Holzbausteine so aufgebaut, wie sie das beim Skifahren im Fernsehen immer machen, mit Lücken dazwischen. Da sollten Wuschelchen und Puschelchen dann immer im Zickzack durchlaufen, hat Heike gesagt, und sie wollte das filmen. Wenn Kaninchen Slalom laufen, dann brauchen sie keine Skier, für Kaninchen ist das auch so schon eine echte Leistung.
Da hat Tieneke sich also vor unser Regal gestellt und hat die Slalom-Nummer angesagt. Fritzi hat ganz böse gefragt, warum ausgerechnet Tieneke das denn wohl ansagen darf, und Tieneke hat gesagt, sie darf das, weil sie ja das Kaninchenfrauchen ist.
»Meine sehr geehrten Damen und Herren!«, hat sie gesagt. »Sehen Sie nun den einzigartigen Möwenweg-Kaninchenslalom, den es auf der ganzen Welt nur ein Mal gibt, mit dem einzig-

artigen Wuschelchen ...« An der Stelle wollte Tieneke eigentlich Wuschelchen hochheben und in die Kamera halten, aber es war gerade aus der Spielzeugkiste gehüpft, in die wir die beiden Kaninchen vor ihrem Auftritt gesetzt hatten. Und jetzt hat Wuschelchen so ganz interessiert an der Tür zur Waschküche geschnuppert.

»Ach, Mist!«, hat Tieneke gesagt, und da musste Heike die Kamera ausschalten. Sie hat aber gesagt, man kann es schneiden.

Tieneke musste ihre Ansage viermal neu anfangen, dann hat es aber geklappt. Und nur, weil Fritzi Wuschelchen festgehalten hat und ich Puschelchen, da konnten sie nicht wieder ausbüxen. »Einen Applaus für unsere Artisten!«, hat Tieneke gerufen, und Fritzi und ich haben Wuschelchen und Puschelchen hochgehalten. Am Nackenfell und mit einer Hand unter dem Po, wie man das bei Kaninchen ja soll. Aber ich hab mir schon gleich gedacht, dass es mit dem Slalom vielleicht schwierig werden würde. Wuschelchen und Puschelchen wussten ja nicht, dass sie jetzt Artisten waren. Sie haben vielleicht gedacht, sie sind immer noch ganz normale Kaninchen.

Jedenfalls sind sie überhaupt nicht im Zickzack zwischen den Bauklötzen durchgelaufen, nicht mal, als ich in der Küche Karottenscheiben geschnitten habe und wir die immer so zwischen den Hindernissen ausgelegt haben. Wuschelchen und Puschelchen haben sie ganz schnell aufgefuttert, aber Slalom gelaufen sind sie trotzdem nicht. Man konnte die Karotten ja auch geradeaus fressen.

»Mist!«, hat Heike gesagt. »Die können das ja gar nicht!«

Aber Tieneke hat gesagt, dass sie es vorher schließlich auch

noch nie geübt hat, und woher Wuschelchen und Puschelchen denn wohl wissen sollen, was sie tun sollen. Sie haben doch noch nie Ski im Fernsehen gesehen, da kennen sie Slalom ja gar nicht.

»Aber ich weiß einen anderen Trick«, hat Tieneke gesagt. Dann wollte sie, dass Wuschelchen und Puschelchen immer so ihren rechten Arm hochklettern und über die Schulter und hinten am Hals vorbei und den linken Arm wieder runter. Das hatte sie mal bei einer mongolischen Rennmaus gesehen.

Aber Wuschelchen und Puschelchen wollten vielleicht gar nichts machen, was sonst mongolische Rennmäuse machen. Sie wollten ja noch nicht mal was machen, was Skifahrer machen.

»Mit denen wird das nie was«, hat Heike gesagt. »Die sind ja viel zu blöde!« Von einer, die nur zu Besuch bei uns war, fand ich das ziemlich frech. »Und das Meerschweinchen da? Kann das was?«

Ich hab gesagt, mal sehen. Versprechen wollte ich vorsichtshalber nichts, Rambi und ich hatten ja auch noch nicht geübt. Und gerade als ich versucht habe, Rambi mit der letzten Karotten-

scheibe, die vom Slalom noch übrig war, meinen Arm hochzulocken, ist oben an der Treppe die Tür aufgegangen und Petja ist die Treppe runtergepoltert gekommen. (Rambi mag aber sowieso lieber Gurke, darum hab ich schon geahnt, dass das Hochlocken nicht klappen würde.)
»Krass!«, hat er geschrien und auf Heikes Camcorder gestarrt. »Was ist denn hier los?«
Da haben wir es ihm erklärt, und Petja hat gesagt, vielleicht sollte *er* lieber die Kamera nehmen, er wäre nämlich ein superguter Kameramann.
»Du tickst ja nicht richtig!«, hat Heike gesagt. (Das fand ich auch frech von einer, die nur zu Besuch war.) »Die darf ich nicht verleihen, hat meine Mutter gesagt!«
Ich hab gedacht, dass das vielleicht nur eine Ausrede war. Aber eine gute. Die merk ich mir, und wenn dann irgendwann mal jemand was von mir ausleihen möchte, was ich nicht hergeben will, sag ich das auch.
»Okay, okay, alles klar«, hat Petja gesagt. »Und was wird das so für ein Film?«

Da haben wir ihm erklärt, dass es ein Film mit Tierdressur werden sollte, aber dass Wuschelchen und Puschelchen und Rambi irgendwie keine Lust dazu hatten.
»Logisch!«, hat Petja gesagt. »Ich war ja auch noch nicht hier! Alles nur eine Frage des Dompteurs! Ein guter Dompteur kann jedes Tier dressieren!«
»Und du bist wohl ein guter Dompteur, was?«, hat Tieneke gesagt. Sie war bestimmt immer noch schlechter Laune, weil Wuschelchen und Puschelchen kein Kunststück hingekriegt hatten. »Da lachen ja die Hühner!«
»Die sollen lieber Eier legen!«, hat Petja gesagt. Er hat sich einfach, ohne zu fragen, Rambi von meinem Arm geschnappt und gesagt, logisch ist er der Welt bester Dompteur und sein Rambo ist logisch der Welt bestes Zirkustier. Als ob Rambi ihm ganz allein gehören würde!
Dann hat er sein altes Skateboard aus dem Regal genommen und ein blaues Seidenband aus unserer Verpackungskiste (das war am Heiligabend um das Paket mit dem Piratenschiff von Maus gebunden gewesen), und das Seidenband hat er vorne am Skateboard festgeknotet. Rambi hat er oben auf das Skateboard gesetzt und dann hat er ihn durch den ganzen Keller gezogen.
Und Rambi ist auch wirklich auf dem Skateboard sitzen geblieben! Er hat nur ganz aufgeregt seine Nase so ein bisschen in die Luft gehalten und geschnuppert, dass seine Barthaare gezittert haben. Aber runtergehüpft ist er nicht.
»Applaus! Applaus! Rambo 007, der Rächer der Meerschweine auf seinem Düsenbrett!«, hat Petja geschrien.
War das nicht blöde? Rambi ist ja nun wirklich kein Rächer der

Meerschweine und ein Skateboard ist auch kein Düsenbrett. Düsenbretter gibt es in echt ja noch nicht mal.
Aber Heike hat die ganze Zeit gefilmt. Sie hat gesagt, das gibt supergute Aufnahmen, und sie hat Rambi mit dem Tele ganz nah rangeholt, dass man richtig sieht, wie seine Barthaare im Wind flattern. Als ob die das getan hätten! Das war nur die Aufregung, da schnuppert er immer so.
Dann hat Petja gesagt, nun kennt er noch ein viel besseres Kunststück, das ist ein Wippentrick. Dazu hat er sein Skateboard über eine Dose mit Erbsensuppe gelegt, die hat er aus Mamas Vorratsregal geholt. Die Dose hat er aber nicht hinge*stellt*, sondern hinge*legt*, da konnte das Brett darauf hin- und herwippen wie eine echte Wippe, und Rambi hat er auf die eine Seite gesetzt. Man konnte aber gleich sehen, dass der jetzt die Nase voll hatte und kein schrecklicher Rächer der Meerschweine mehr sein wollte und überhaupt kein Artist. Er ist ganz fix vom Brett runtergehüpft, da war Petja alleine mit seiner Erbsensuppenwippe.
»Tja, Ladys«, hat er in die Kamera gesagt und mit einem Auge

gezwinkert. Er kann es aber nicht richtig, bei ihm zwinkern immer beide und es sieht aus wie bei einer Schlafaugenpuppe. »Rambo 007 muss sich leider grade woanders rächen, darum muss er sich verabschieden! Bitte haben Sie Verständnis! Sie waren ein wunderbares Publikum!«

»Na ja«, hat Heike gesagt. »Aber wenigstens ein bisschen Film haben wir jetzt.« Und sie hat gesagt, dass sie am Abend alles löscht, was blöde geworden ist, und nur das drauflässt, was geklappt hat.

»Etwa nur Petja?«, hat Tieneke gefragt. »Und wir?«

»Logisch nur mich!«, hat Petja gesagt und immer so mit beiden Fäusten gleichzeitig in die Luft geboxt, wie Fußballer es machen, wenn sie ein Tor geschossen haben, oder überhaupt Sportler. »Nur die Harten komm'n in 'n Garten!«

»Was soll das denn bitte heißen?«, hab ich gefragt, aber Heike hat schon gesagt, jetzt dreht sie mit uns Mädchen noch mal einen anderen Film, so einen hat sie nämlich mal mit ihren Freundinnen in Altenburg gedreht.

Ich hatte ein bisschen Angst, dass Petja da auch wieder mitmachen wollte, weil er doch immer der Bestimmer sein will; aber er hat gesagt, er muss jetzt leider los und gucken, was sein Kumpel Vincent grade so treibt, und zur Not kommen die Damen wohl auch mal ohne ihn aus.

Wir sind gut ohne ihn ausgekommen. Zum Glück haben die Jungs ja sowieso nie so viel Ausdauer.

6

Wir spielen Fernsehen und Fritzi macht alles falsch (aber nicht wirklich)

Heike hat gesagt, der andere Film, den sie mit ihren Freundinnen in Altenburg schon mal gemacht hat, ist Fernsehen. Dann hat sie es uns erklärt.

Das Gute, wenn man Fernsehen spielt, ist, dass man sich zuerst ordentlich schminken muss, damit es echt aussieht. Ich hab von Mama ihr altes Reiseschminkset geerbt, da sind drei Lippenstiftfarben drin und zwölfmal Lidschatten und zweimal Kajal und Puder und ein Pinsel für die Lippen und ein Pinsel für die Augen und eine Puderquaste.

Wir haben uns alle gegenseitig geschminkt. (Ich hab Tieneke und Tieneke hat mich und Fritzi hat Imke und Imke hat Fritzi. Heike musste ja nicht geschminkt sein, weil sie die Kamerafrau war.) Da sahen wir wirklich alle fast aus wie richtige Frauen im Fernsehen. Heike hat gesagt, eine muss die Tagesschausprecherin sein und eine die Wetterfrau, und die anderen beiden können eine Quizshow machen, das ist auch immer gut.

Das fanden wir auch.

Wir haben gewürfelt, weil wir alle gerne die Quizshow machen wollten, und niemand wollte so gerne die Tagesschau. Wer die meisten Augen hatte, durfte aussuchen, und wer am wenigsten hatte, musste nehmen, was übrig bleibt. Zum Glück bewahren wir auf einem Regal im Keller all unsere Brettspiele auf, da hab ich aus dem Kasten »20 lustige Familienspiele« zwei Würfel genommen, und dann konnte es losgehen.

Ich hab sehr gehofft, dass ich nicht die wenigsten Augen habe, und ich hatte Glück. Tieneke hat nur zwei Einsen gewürfelt und Imke hatte eine Zwei und eine Drei. Da war Imke die Wetterfee (so nennt Oma Friedrichstadt den Wetteransager immer, auch wenn es ein Mann ist) und Tieneke musste leider die Tagesschaufrau sein. Sie hat aber nicht sehr gemault, und ich hab gesagt, bestimmt kann sie es gut. Man muss eine beste Freundin ja aufmuntern.

»Wenn ich ›Los!‹ sage, machst du los!«, hat Heike zu Tieneke gesagt. Zuerst kommt im Fernsehen ja immer die Tagesschau und dann kommt das Wetter und danach kommen erst die Quizshows. »Los!«

Da hat Tieneke tief Luft geholt und wieder »Guten Abend, meine Damen und Herren!« gesagt. »Hier ist das deutsche Fernsehen mit der Tagesschau. In Buxtehude hat ein Mann eine Bank überfallen, aber die Polizei hat ihn zum Glück erwischt. Und er kommt ins Gefängnis. Und in Indien hat es eine

Überschwemmung gegeben und die Wellen waren sehr hoch. Und die Bundeskanzlerin hat einen anderen Bundeskanzler getroffen und das war in …«

Dann hat sie sich ganz schnell zu mir hingedreht und geflüstert: »Wo treffen die sich noch mal immer, Tari?«

Und ich hab geflüstert: »In Berlin!«

Und Tieneke hat in die Kamera gesagt, dass sie sich in Berlin getroffen haben und sehr wichtige Dinge beredet haben, aber was, wird noch nicht verraten. »Denn es war nämlich Politik«,

hat Tieneke gesagt. »Und nun gebe ich weiter an meine Kollegin vom Wetter.«
Das war nur eine kurze Tagesschau gewesen, und die Stelle, wo wir geflüstert hatten, musste Heike auch noch rausschneiden, aber ich finde trotzdem, dass Tieneke es gut gemacht hat. Solche Sachen wie Bundeskanzlerin und Überschwemmung sagen sie in der echten Tagesschau ja auch immer.
Imke war ein bisschen aufgeregt, als sie das Wetter ansagen sollte, das konnte man merken. »Guten Abend, meine Damen und Herren!«, hat sie auch gesagt. Es war aber nicht nach-

gemacht, alle sagen es immer. »Wir haben morgen in Deutschland schlechtes Wetter und manchmal gutes Wetter. In Bayern gibt es Schnee, sieben Grad, und in München gibt es Regen, zwei Grad, und es kann sein, dass es vielleicht ein Erdbeben

gibt, aber wo, können wir leider noch nicht genau sagen. Vielleicht auf Sylt. In Düsseldorf ist gerade eine sehr schlimme Überschwemmung gewesen mit hohem Wasser. Und nun gebe ich zurück zur Tagesschau.«
Heike hat die Kamera ausgeschaltet. »Das war doch gut!«, hat sie gesagt.
Imke hat ein bisschen geschnauft, und ich hab gedacht, dass sie das mit der Überschwemmung in Düsseldorf von Tienekes Überschwemmung in Indien abgeguckt hatte, da war es nachgemacht. Aber es passt ja bei der Tagesschau *und* beim Wetter, darum habe ich das nicht gesagt.
Für die Quizshow haben wir wieder gewürfelt, wer der Quizmaster ist und wer der Kandidat. Kandidat ist ja schwieriger, weil man da die Fragen beantworten muss, darum wollten Fritzi und ich beide lieber Quizmaster sein. Fritzi musste aber Kandidatin sein. Sie hat nur eine Drei und eine Eins gewürfelt und ich zwei Fünfen.
Wir haben uns also auf das blaue Sofa gesetzt, das in unserer alten Wohnung im Wohnzimmer gestanden hatte, und dann bin ich noch mal aufgestanden und habe aus dem Handwerkerregal die teure kleine Taschenlampe geholt, die Mama Papa zu seinem letzten Geburtstag geschenkt hat. Für eine Quizshow braucht man ja ein Mikrofon, dann sieht es viel echter aus, und ein Mikrofon konnte die Taschenlampe ja gut sein.
Ich habe also auch »Guten Abend, meine Damen und Herren!« gesagt. (Obwohl es ja langsam ein bisschen langweilig war.) »Und guten Abend, liebe Gäste bei uns im Studio!« Das war mir grade noch eingefallen, und ich finde, das klingt sehr echt. »Willkommen zu unserer Quizshow *Wer wird der Sieger?* Und

hier haben wir auch schon gleich unsere erste Kandidatin und das ist – wie heißen Sie bitte?«, habe ich Fritzi gefragt. Ich konnte ja nicht sagen, dass Fritzi Fritzi hieß, so heißen sie in echten Quizshows ja nicht, und ein guter Name ist mir so schnell nicht eingefallen.

»Ich heiße …«, hat Fritzi gesagt und ganz erschrocken ausgesehen, als ich ihr die Taschenlampe vor das Gesicht gehalten habe. Sie ist ja nicht daran gewöhnt, dass sie gefilmt wird.

»Die Kandidatin weiß nicht mal, wie sie heißt!«, hat Tieneke geflüstert. »Da weiß sie sonst bestimmt auch nicht viel!«

»Ruhe im Studio!«, habe ich gesagt. Auf einmal hat es mir richtig Spaß gemacht, weil mir nämlich plötzlich eingefallen ist, was sie im echten Fernsehen alles sagen. »Sonst lasse ich den Saal räumen! Die Kandidatin heißt Rosamunde Rosenbusch, oder, Frau Kandidatin?«

Fritzi hat genickt und immer noch ganz erschrocken ausgesehen. »Ja«, hat sie geflüstert.

»Und wo wohnen Sie, Frau Rosenbusch?«, habe ich gefragt.

»Im Möwenweg«, hat Fritzi geflüstert, und das war vielleicht nicht so gut, weil man bei so einem Film eigentlich nichts Echtes sagt. Aber ich konnte es nicht ändern.

»Ah ja, im schönen Möwenweg, der ist ja weltberühmt«, habe ich darum gesagt. »Und wie alt sind Sie bitte, Frau Rosenbusch?« Es war ein bisschen schwierig, immer daran zu denken, wem ich die Taschenlampe gerade vor den Mund halten musste, Fritzi oder mir selber, aber ich fand es nicht so schlimm, wenn es mal schiefgegangen ist. Es war schließlich kein echtes Mikrofon.

»Acht«, hat Fritzi wieder geflüstert, aber das ging nun wirklich nicht. Für eine Quizshow muss man erwachsen sein. Fritzi hat es nicht so gut gespielt.

»Ah, siebenundsiebzig meinen Sie, Frau Rosenbusch!«, habe ich darum ganz schnell gesagt und zum Camcorder hingelächelt.

»Da haben Sie sich aber gut gehalten, meine Dame, das muss ich sagen.«

Fritzi hat genickt, aber ich war jetzt richtig gut in Fahrt gekommen. »Ja, dann wollen Sie uns vielleicht auch noch erzählen, was Ihr Lieblingstier ist?«

Fritzi hat wieder nur genickt. Sagen wollte sie wohl gar nichts, aber als ich ihr die Taschenlampe immer weiter unter den Mund gehalten und »Los!« geflüstert habe, hat sie tief Luft geholt und mit einer ganz zitterigen Stimme »Hund!« gesagt.

»Hund, aha, das ist ja sehr schön!«, habe ich gesagt. »Und jetzt machen wir es so, dass auch unser Publikum an den Bildschirmen ein bisschen mitraten kann, das ist ja sehr beliebt. Wir blenden jetzt mal kurz unsere Nummer ein, bitte wählen Sie die Eins für Ja und die Zwei für Nein, liebe Zuschauer zu Hause! Es kostet fünf Euro aus dem Festnetz.«

Ich war sehr stolz, dass mir das alles eingefallen ist. Bestimmt sieht es nachher im Film richtig echt aus.

»Liebe Frau Rosenbusch, bitte beantworten Sie meine Fragen jetzt immer nur mit dem Anfang, damit die Zuschauer den Rest raten können. Der Preis ist eine Reise auf die Malediven.«

Fritzi hat immer erschrockener ausgesehen. »Was?«, hat sie geflüstert. Aber ich habe es ihr schon erklärt.

»Wenn Sie zum Beispiel ›Tonne‹ sagen wollen, sagen Sie einfach nur ›To‹!«, habe ich gesagt. »Das verstehen Sie doch wohl, Frau Rosenbusch.«

Fritzi hat erstaunt geguckt. »Aber warum soll ich ›Tonne‹ sagen, Tara?«, hat sie gefragt. »Ist das im Quiz?«
»Gott, ist die Kandidatin blöde!«, hat Tieneke geschrien, und ich habe zu Heike gesagt, das kann sie ja hinterher alles aus dem Film rausschneiden, und Heike hat Ja gesagt. Und zu Fritzi habe ich gesagt, sie wird es schon noch alles merken.
»Und nun, liebes Publikum, raten Sie mit! Was ist Ihr Lieblingsgetränk, liebe Frau Rosenbusch? Aber nur den Anfang!«
»To?«, hat Fritzi ängstlich gefragt, und Tieneke hat »Oh nein!« geschrien und ihre Hände vors Gesicht geschlagen, und ich habe gesagt, Tonne ist doch kein Getränk, aber sonst war es schon ganz gut.
Da hat Fritzi es endlich verstanden.
»Ki!«, hat sie gesagt, und ich hab überlegt, was das wohl sein kann. Ki ist irgendwie nicht so ein bekanntes Getränk.
»Ja, liebes Publikum, das ist nun Ihre Chance!«, habe ich gesagt. »Rufen Sie ruhig an, es kostet fünf Euro aus dem Festnetz. Und jetzt kommt schon mal unser Publikum im Studio dran.« Und ich bin aufgestanden und zu Tieneke gegangen und habe ihr das Taschenlampenmikrofon vor die Lippen gehalten. Sie hat sich nämlich gemeldet wie verrückt.
»Kirschsaft!«, hat Tieneke geschrien. »Die Lösung heißt Kirschsaft!«
Da hätte ich ja auch drauf kommen können!
Aber Fritzi hat gesagt, nein, es ist nicht richtig, die Lösung heißt Kirschsaft mit Bananensaft, darum hat Tieneke keine Reise auf die Maveldiven gewonnen.
»Ma*le*-diven!«, hab ich gesagt. »Nicht Ma*vel*-diven!«
»Dann hast du das ganz falsch gemacht!«, hat Tieneke gerufen.

»Dann kannst du doch nicht ›Ki‹ sagen! Dann musst du ›Ki mit Ba‹ sagen, oder, Tari?«
Ich hab gedacht, dass ich in unserem Film ja noch immer die Quizmasterin bin, und darum habe ich gesagt, nur immer mit der Ruhe, meine Damen und Herren, das wird sich gleich noch alles klären.
»Und Ihre Lieblingsblume, Frau Rosenstrauch?«, habe ich Fritzi also wieder gefragt.
Fritzi war jetzt viel mutiger geworden, das hat man gleich gesehen. »Rosen*busch*!«, hat sie gesagt. »Schn!«
»Schn?«, habe ich gefragt. »Echt jetzt, Schn?«
»Ja, Schn«, hat Fritzi ganz zufrieden gesagt.
»Schn, so eine Blume gibt es doch gar nicht!«, hat Tieneke gerufen. »So macht das ja gar keinen Spaß, wenn die Kandidatin immer alles falsch sagt!«
Ich habe überlegt, ob ich wieder sagen soll, dass ich den Saal räumen lasse, oder lieber, dass die Kandidatin es mal ein bisschen richtiger machen soll, aber da hat Heike gerufen, dass wir jetzt leider aufhören müssen, weil ihr Akku leer ist.
»Schade«, habe ich gesagt. Aber so ganz schade habe ich es eigentlich gar nicht gefunden. Quizmaster sein ist doch anstrengender, als man denkt. Und ob wir Opa Kleefeld unseren Film wirklich zeigen wollen, müssen wir auch noch mal überlegen.
Heike und Imke sind dann zu Imke nach Hause gegangen, und Imke hat gesagt, sie verabschieden sich gleich schon mal für zwei Tage. Weil sie morgen nämlich nicht in der Schule ist. Ihre Mutter hat doch Geburtstag, und da gibt es einen Brunch in einem sehr vornehmen Restaurant und sie hat extra ein neues Kleid gekriegt. Da musste Frau Streng ihr ja freigeben.

Tieneke und ich haben ihr viel Spaß gewünscht, aber ich habe gedacht, dass ich sie nicht wirklich vermissen werde. Weil wir ja eigentlich sonst nicht mit ihr befreundet sind. Imke hatte mich trotzdem schon ein paarmal gefragt, ob wir nachmittags was zusammen machen wollten. Das hatte aber nie gepasst.

Tieneke hat mir noch geholfen, den Keller aufzuräumen. (Wir mussten aber nur ganz wenige Kaninchenköttel und Meerschweinchenköttel wegsaugen. Wuschelchen und Puschelchen und Rambi hatten sich wirklich sehr gut benommen.) Dann ist Tieneke mit Wuschelchen und Puschelchen auch nach Hause gegangen. Und ich musste noch meine Hausaufgaben machen.

Als ich im Wohnzimmer an Mama vorbeigekommen bin, hat sie mich gefragt, wie die Filmaufnahmen denn waren, und ich habe gesagt, die waren gut. Nur dass Fritzi keine gute Kandidatin war und leider alles falsch gemacht hat.

»Sie hat gesagt, ihre Lieblingsblumen fangen mit Schn an!«, hab ich gesagt. »Das gibt es ja gar nicht!«

»Schneeglöckchen?«, hat Mama gefragt.

Da war Fritzi ja doch nicht so dumm gewesen! Man denkt es nur immer, wenn eine erst in die zweite Klasse geht. Aber es ist ungerecht.

Und kann sich irgendwer denken, was ich in meinem Ranzen gefunden habe, als ich eigentlich für die Hausaufgaben mein Mathebuch rausholen wollte? Die Valentinskarte mit dem süßen rosa Drachen und der krakeligen Schrift! Die hatte ich doch am Morgen extra mit zur Schule genommen. Da hätte ich auf dem Schreibtisch ja lange suchen können.

Ich hab gedacht, dass mein Gedächtnis schon fast so löcherig ist wie ein altes Sieb und ob das wohl bedeutet, dass ich langsam alt werde. Das sagt Opa Kleefeld nämlich immer, er sagt, das Alter kommt schneller, als man denkt. Ich habe aber gedacht, dass es bei mir bestimmt nur Vergesslichkeit ist, zum Glück. Und dass ich die Karte dann auch gleich in meinem Ranzen lassen kann. Schließlich mussten wir morgen ja noch ausspionieren, wer sie mir geschrieben hatte.

Da hab ich mich richtig auf den nächsten Tag gefreut. Das tu ich aber sowieso meistens.

7

Wir spionieren und werden von Jungs erwischt

Als Tieneke mich am nächsten Morgen abgeholt hat, hatte sie unsere Zwillingsmütze auf, und unseren Zwillingsschal hatte sie auch umgebunden. Ich hatte vor Weihnachten in meinem Adventskalender nämlich genau den gleichen gestreiften Schal, und zum Nikolaustag hab ich auch genau die gleiche gestreifte Mütze wie Tieneke gekriegt. Sie war aber nicht böse und hat gar nicht gesagt, dass es nachgemacht ist. Sie hat sich gefreut, weil wir nun ja im Winter immer ganz gleich ausgesehen haben. Das ist für zwei Freundinnen doch gut.

Meine gestreifte Mütze war jetzt aber leider in der Wäsche, das muss manchmal auch für Mützen sein, hat Mama gesagt. Ich bin doch wohl kein Ferkel und will Läuse kriegen. Dann hat sie mir die alte pinke Mütze mit der gehäkelten braunen Blume an der Seite gegeben (obwohl ich eigentlich vielleicht schon zu alt für eine pinke Mütze bin. Aber wenn die gute gestreifte in der Wäsche ist, muss es mal gehen), und sie hat gefragt, ob Tieneke und ich gehört hatten, was sie heute in den Nachrichten gesagt haben.

Das hatten wir natürlich nicht. Nachrichten höre ich überhaupt nicht so oft. Tieneke auch nicht.
Mama hat erklärt, dass es sich aber an diesem Tag vielleicht für uns gelohnt hätte. Weil nämlich das Eis auf den stehenden Gewässern (das sind Seen und Teiche, weil da das Wasser ja nicht fließt) jetzt als sicher bezeichnet werden kann. Und auf dem großen See mitten in der Stadt bauen sie sogar Glühweinbuden auf und Dönerbuden und Würstchenbuden und noch andere Buden zum Aufwärmen.
»Und wenn sogar so ein *großer* See zugefroren ist«, hat Mama gesagt, »dann wird unser kleines Regenrückhaltebecken wohl auch zugefroren sein, glaubt ihr nicht?«
Da haben Tieneke und ich »Jippiee!« geschrien, weil das ja bedeutet hat, dass wir am Nachmittag auf unserem Regenrückhaltebecken Schlittschuh laufen konnten. Und das haben wir im Möwenweg vorher noch nie gemacht. Ich bin überhaupt

noch nie in der echten Natur Schlittschuh laufen gewesen, weil es da, wo wir vorher gewohnt haben, leider kein stehendes Gewässer gab. Immer nur in der Halle. Aber das war auch schön.
»Wenn ihr Frau Streng Bescheid sagt, gibt sie euch ja vielleicht weniger Hausaufgaben auf«, hat Mama gesagt. »Wann ist bei uns schon mal Schlittschuhwetter!«
Aber das haben Tieneke und ich nicht geglaubt. Frau Streng ist bestimmt die netteste Lehrerin auf der ganzen Welt, und sie tut auch sehr viel Gutes, vor allem für die armen Kinder in Afrika; aber Hausaufgaben gibt sie uns eigentlich *immer* auf. Wir mussten ja sogar Hausaufgaben machen, als wir vor Weihnachten nachmittags mit unserer Klasse im Pflegeheim für die alten Leute Weihnachtslieder gesungen haben!
»Bestimmt kriegen wir trotzdem was auf!«, hab ich zu Tieneke gesagt. »Wetten?«
»Das kommt nur, weil sie Frau Streng heißt«, hat Tieneke gesagt.
Das kann ich mir aber nicht vorstellen. Wenn sie Frau Nett heißen würde, würde sie uns bestimmt auch immer was aufgeben. Sie denkt nämlich, dass es gut für uns ist. (Das glauben wir aber nicht so richtig.)
Vor der Schule hat Kiki schon auf Tieneke und mich gewartet.
»Wisst ihr, was wir gestern vergessen haben, ihr beiden Transusen?«, hat sie gefragt. »Das Ausspionieren!«
Da hab ich gesagt, ach du je, das hätte ich heute glatt auch wieder fast vergessen, weil ich nämlich immer nur ans Schlittschuhlaufen denken musste. Da war es ja gut, dass Kiki mich erinnert hat. Sie hat gesagt, wir müssen nun doch endlich mal

rauskriegen, welcher Junge mir die Liebeskarte geschickt hat, sonst ist es schon fast wieder Ostern und wir wissen immer noch nicht über den Valentinstag Bescheid.
Das fand ich ganz unbedingt auch.
Darum haben wir uns dicht zusammengestellt, damit niemand sehen konnte, was wir gemacht haben, und ich habe aus meinem Ranzen die niedliche Karte rausgeholt, und dann haben wir uns die Schrift ganz genau angeguckt.
»Wisst ihr das jetzt?«, hat Kiki gefragt. »Könnt ihr euch die merken?«
Wir haben gesagt, dass wir das logisch können, und ich habe die Karte wieder in den Ranzen zurückgesteckt. Das war auch allerhöchste Zeit, weil nämlich Adrian angerannt gekommen ist und gefragt hat, was wir da machen und warum wir so komisch dastehen und was wir die ganze Zeit anglotzen.
»Nichts!«, hab ich gesagt. »Siehst du ja wohl! Und außerdem geht dich das gar nichts an!«
Aber ich hab ganz erschrocken gedacht, dass ich es nicht so schön finden würde, wenn mir vielleicht Adrian die Karte geschrieben hätte. Das konnte doch sein! Oder ein anderer Blöder aus meiner Klasse. Dann könnte ich mich gar nicht mehr so doll über den süßen kleinen Drachen freuen.
Ich hab es aber nicht wirklich geglaubt.
In der ersten Stunde hatten wir HSU, das heißt Heimat- und Sachunterricht, und das finde ich meistens interessant. Wir sollten in eine Karte von Schleswig-Holstein alle Städte an der richtigen Stelle reinmalen und schreiben, wie sie heißen. Es war gar nicht so einfach, weil auf der Karte nur die Flüsse eingezeichnet waren, da musste man ganz genau gucken. Es hat

aber trotzdem Spaß gemacht, es war fast ein bisschen wie basteln. Und basteln mag ich ja auch gerne.
Einmal musste ich nach vorne zum Pult gehen und Frau Streng fragen, ob ich das Wasser blau malen darf, und da bin ich extra ganz langsam gegangen und hab auf dem Weg noch bei allen Jungs auf die Hefte geguckt, wie ihre Schrift aussieht, die waren es aber alle nicht. (Zum Glück.) Und als ich zurück zu meinem Tisch gegangen bin, habe ich sogar einen Umweg gemacht und bin zuerst in die falsche Richtung gegangen, damit ich auch noch bei Christian und Gökhan und Alex gucken

konnte, aber die hatten auch eine falsche Schrift. Und Frau Streng hat gefragt, warum ich denn heute Morgen auf Wanderschaft durch die ganze Klasse gehe, und ich habe gesagt, oh, ich habe mich nur ein bisschen verlaufen.

Da haben alle gelacht, weil man sich in der Klasse eigentlich nicht verlaufen kann. Es war aber kein unfreundliches Lachen, in unserer Klasse lachen wir uns ja nicht aus. Darum hat es mir auch nichts ausgemacht. Es war mehr so, als ob alle gedacht haben, ich wollte einen Witz machen. Frau Streng hat aber trotzdem nicht geschimpft.

»Na, dann hoffe ich, dass du jetzt auf den rechten Weg zurückgefunden hast, Tara«, hat sie gesagt. »Wie ich gesehen habe, fehlen dir noch ordentlich Städte. Vielleicht beschriftest du zuerst mal die Flüsse, dann ist es einfacher.«

Ich habe genickt, aber Tieneke hat mich schon immer so in die Seite gepikst.

»Und, hast du es rausgekriegt?«, hat sie geflüstert. Da musste ich ja leider den Kopf schütteln.

»Ich glaube, von unseren Jungs ist es keiner!«, hab ich geflüstert.

Als ich das in der Pause auch noch Kiki und Caro erzählt habe, haben sie gesagt, das gibt es ja gar nicht. Irgendeiner muss es doch sein! Und jetzt legen sie auch mal los.

In den Pausen dürfen wir ja nicht in der Klasse bleiben, sonst hätten wir da ganz schön alle Hefte angucken können. Aber das ist nicht erlaubt. Darum mussten Kiki und Caro versuchen, es in der Stunde rauszukriegen, das ist ja viel schwieriger.

In Deutsch ist Kiki also dreimal zum Klo gegangen und immer auf einem anderen komischen Weg, damit sie auch wirklich bei allen Jungs vorbeigekommen ist, und Caro hat das auch so gemacht. Aber als Tieneke danach auch immer so im Zickzack durch die Klasse zum Klo gegangen ist, hat Frau Streng den Kopf geschüttelt.

»Ich weiß nicht, was hier los ist!«, hat sie gesagt. »Und alles müssen Lehrer ja auch nicht wissen. Aber wenn jetzt noch mal eine von euch dreien aufs Klo muss, dann glaube ich, dass hier in unserer Klasse ein ganz merkwürdiges neues Blasenentzündungsvirus ausgebrochen ist. Ein Wanderblasenentzündungsvirus!«

Da hat Adrian geschrien, geil, dann müssen wir ja alle schulfrei kriegen, aber Frau Streng hat gesagt, nein, so schlimm ist Blasenentzündung nicht. Damit kann man ganz gut zur Schule gehen. Man muss nur immerzu flitzen wie die drei Damen eben.

Da war es mir ein kleines bisschen peinlich. Ich weiß nicht, ob man über Blasenentzündung einfach so sprechen kann. Es ist anders als Halsschmerzen oder Nasenbluten, finde ich, weil es mehr so eine peinliche Krankheit ist und ein peinliches Wort. Ein bisschen wie Unterhose, aber nicht ganz so peinlich.

Aber Frau Streng hat das wohl gar nicht gefunden.

Hätte irgendwer geglaubt, dass es so schwierig sein könnte, eine krakelige Schrift auszuspionieren? Ich ganz bestimmt nicht. Tieneke hat gesagt, sie hätte das auch nicht geglaubt. Aber nun ist sie noch viel neugieriger geworden, wer wohl mein Verliebter ist. Jetzt kann es ja nur noch einer aus der Vierten sein, wenn es keiner aus unserer Klasse ist.

Ich hab es nicht gesagt, aber ich hab gedacht, aus der Zweiten könnte er natürlich auch noch sein, das ist nicht ausgeschlossen. Oder sogar aus der Ersten. Da hatten wir ja auch noch nicht nachgeguckt. Aber das hätte ich nicht so gut gefunden. Einer aus der Ersten ist für eine aus der Dritten ja auch peinlich.

Kiki hat gesagt, sie weiß, was wir machen können. In der nächsten großen Pause schleichen wir uns einfach heimlich in den Klassenraum der Vierten. Dann sind wir da ganz alleine und können in Ruhe alle Hefte angucken. »Wetten, das ist einer von denen?«, hat sie gesagt.

»Wie willst du das denn machen?«, hat Tieneke gefragt. »In der Pause sind die Klassen doch abgeschlossen!«

Aber Kiki hat gesagt, manchmal vergessen die Lehrer das auch. Und ob wir das Geheimnis nun lüften wollen oder nicht.

Das wollten wir ja.

Darum konnte ich mich in der Stunde gar nicht richtig auf Mathe konzentrieren (wir haben das Einmaleins mit dreizehn wiederholt), weil ich immerzu daran denken musste, was wohl passieren würde, wenn uns ein Lehrer dabei erwischt, wie wir eine fremde Klasse ausspionieren. Ich hab aber gedacht, dass die Kinder in Filmen noch viel mutigere Sachen machen, in Verbrecherhäuser schleichen, zum Beispiel. Da werde ich mich ja wohl trauen, mich in die Vierte zu schleichen.

Und kann man das glauben? Als wir in der Pause ganz leise über den Gang gelaufen sind und die Treppe hoch in den zweiten Stock, da war die Tür von der Vierten tatsächlich nicht abgeschlossen! Sie war sogar nur angelehnt.

Mein Herz hat gebummert wie verrückt, und hinterher hat Tieneke gesagt, dass ihrs das auch getan hat; aber Kiki hat die Tür ganz mutig ein winziges bisschen aufgedrückt und vorsichtig um die Ecke geluschert. Und dann hat sie sich zu uns umgedreht und »Die Luft ist rein!« geflüstert. So muss man es ja sagen.

Wir sind also alle vier ganz, ganz leise in den Klassenraum geschlichen, und dann habe ich den vorderen Gruppentisch ausspioniert und Tieneke den am Fenster und Kiki den an der Wandseite und Caro den hinten beim Gruppenraum. Es kam genau hin, weil wir ja vier Kinder waren, und es waren auch genau vier Sechsertische. Da hatten wir doch Glück.

Und gerade als ich mit meinem Tisch fast fertig war und alle Hefte angeguckt hatte und nur noch ein Platz übrig war (da hat man aber gleich gesehen, dass es ein Mädchenplatz war, weil alles so schön ordentlich lag, und die Faulenzertasche war rosa mit lauter süßen kleinen Regenschirmen drauf), hat plötzlich jemand »Was wollen die Weiber denn hier?« geschrien.
Ich bin fast gestorben vor Schreck, und Tieneke hat so laut gequietscht, dass ich gedacht habe, das hört man bestimmt bis ins Lehrerzimmer, und gleich kommt der Direktor gerannt oder der Hausmeister, um nachzugucken, ob sich irgendwer einen Finger eingeklemmt hat. So hat es nämlich geklungen.
»Haben wir euch erwischt!«, hat eine krächzige Stimme gerufen. »Also, was macht ihr hier?«
Da hab ich ganz vorsichtig zur Tür geguckt, und da standen zwei Jungs, und der eine hatte einen tropfnassen Schwamm in

der Hand und der andere hatte eine neue Schachtel Kreide. Da wussten wir ja, dass sie Tafeldienst waren, und darum war die Tür auch nur angelehnt gewesen. Obwohl der Tafeldienst natürlich eigentlich aufpassen und die Tür zumachen muss.

»Wir haben ja nur …«, habe ich gesagt. Aber dann wusste ich nicht mehr weiter. Und ich hab sehr gehofft, dass die beiden uns nicht verpetzen würden.

Der eine Junge heißt übrigens Anton und er ist ein Superfußballer. Das weiß ich, weil er neben Caro wohnt. Aber den anderen kannte ich nicht so gut, ich glaube, er war neu in der Klasse. Und er hatte so ganz cool gegelte Haare und ein sehr jugendliches Sweatshirt und tolle Stiefel. Da hab ich gedacht, wenn der es war, der mir die Karte geschrieben hat, dann finde ich es vielleicht gar nicht so schlecht.

»Also?«, hat Anton gefragt und sich so hingestellt, als ob er uns nicht mehr aus der Klasse lassen wollte. »Was habt ihr uns zu sagen?«

»Wir haben nach Tienekes Sportbeutel gesucht«, habe ich gesagt. »Der ist nämlich weg!«

»Und da glaubt ihr, dass einer aus unserer Klasse den geklaut hat?«, hat der Junge mit der krächzigen Stimme gefragt. »Also wirklich!«

»Nur verwechselt!«, hat Tieneke gerufen. »Aus Versehen!«

Anton hat sich an die Stirn getippt. »Und warum habt ihr dann in unseren Heften rumgeschnüffelt?«, hat er gefragt. »Das hab ich genau gesehen! Da ist ja wohl kein Sportbeutel drin! Na? Na?«

Und ich hab *Hilfe!* gedacht und dass er das jetzt vielleicht dem Schulleiter petzt (der war zum Glück doch nicht hochgekommen und der Hausmeister auch nicht), und der ruft dann Mama und Papa an und sagt, dass ihre Tochter verbotenerweise in der Pause in einer fremden Klasse fremde Hefte ausspioniert hat, und dann sind Mama und Papa erschrocken. Vom Schulleiter werden sie nämlich nicht so gerne angerufen, das weiß ich von Petja.

Aber wir konnten dem Schulleiter doch auch nicht erzählen, dass wir in echt eine Liebeskarte ausspioniert haben! Alles mit Liebe ist ja immer peinlich.

»Also?«, hat dieser Anton gesagt und ist so ganz drohend einen Schritt auf uns zugekommen. »Die Wahrheit, sonst setzt es was!«

Aber da hat Caro sich vorgedrängelt. »Jetzt pup dir mal nicht ins Hemd, Anton!«, hat sie gesagt. »Das geht dich gar nichts an, und du hast schließlich selber die Klassentür offen gelassen, das gibt auch Ärger! Und wenn ihr uns jetzt nicht gleich gehen lasst, dann erzähle ich meiner Mutter, wer vorgestern die Piepmantscher in unseren Briefkasten geworfen hat!«

Da hat Anton gesagt, das war er ja gar nicht und wie Caro das wohl beweisen will.

Aber dabei ist er schon einen Schritt zur Seite gegangen, und wir haben unsere Chance genutzt und sind aus der Klasse geflitzt.

»Fingerabdrücke!«, hat Caro gesagt. »Also alles klar jetzt?«

Da hat Anton genickt, und der andere Junge hat ganz verwirrt geguckt. Er hat aber trotzdem gut ausgesehen, und ich hab gedacht, dass ich gerne wüsste, an welchem Tisch er sitzt. Dann hätte ich mir die Hefte da vielleicht noch mal genauer angeguckt.

»Dann verpisst euch doch!«, hat Anton uns nachgerufen. »Blöde Weiber!«
War es nicht ein Glück, dass er ausgerechnet Caros Nachbar war? Sonst hätte sie das mit den Piepmantschern ja gar nicht gewusst! Dann hätten wir ihn nicht erpressen können.
»Iii, nee, der ist hoffentlich nicht dein Verliebter!«, hat Tieneke gesagt. »Oder, Tari?«
Aber Caro hat gesagt, nee, nee, ich kann ganz beruhigt sein, Antons Schrift kennt sie ja schon seit tausend Jahren, die sieht anders aus. Aber an dem Tisch, wo sie spioniert hat, hat sie die Schrift auch nirgendwo entdeckt.
Und Kiki und Tieneke hatten das an ihren Tischen auch nicht und ich auch nicht.
»Und was bedeutet das jetzt?«, hat Kiki gefragt. »Aus unserer Schule muss die Karte doch sein!«
Da war das Rätsel noch immer nicht gelöst, aber leider war die Pause zu Ende. Und vielleicht war ich sogar ein kleines bisschen erleichtert. Ich wusste ja immer noch nicht, was ich mit Vincent machen sollte, wenn ich meinen Verliebten gefunden hatte.

8

Petja kriegt Frauenschlittschuhe und ich springe einen doppelten Tara

Nach der Schule hab ich gleich meine Hausaufgaben gemacht, weil Mama immer sagt, erst die Arbeit und dann das Vergnügen. Darum konnten wir erst zum Schlittschuhlaufen gehen, als ich Mathe erledigt hatte. Es war einfach, alles Einmaleins mit zwölf und mit dreizehn, und dann noch Geteiltaufgaben, die sind schwieriger. Ich konnte sie aber.
Tieneke wusste ja sowieso, dass wir Schlittschuh laufen wollten, aber Fritzi und Jul musste ich unbedingt auch noch Bescheid geben. Und beim Mittagessen hatte Petja gesagt, total krass, ey, Schlittschuhlaufen, da geht er auch mit. Da wusste ich, dass Vincent und Laurin dann auch kommen würden.
Als Erstes musste ich gucken, ob mir meine Schlittschuhe noch gepasst haben, Füße wachsen ja immer so schnell. Das haben sie zum Glück. Im letzten Jahr waren die Schlittschuhe nämlich noch so groß gewesen, dass ich drei Paar Socken übereinander anziehen musste, damit ich in den Schuhen nicht gerutscht bin, aber in diesem Jahr musste ich meine Zehen sogar ein ganz winziges, winziges bisschen krumm machen. Das ist

nicht gesund für das Fußwachstum, hat Mama gesagt, aber wenn es nur einmal im Jahr ganz kurz beim Schlittschuhlaufen ist, kann niemand etwas dagegen haben. Für unseren Geldbeutel ist es nämlich absolut notwendig, dass die Schlittschuhe mindestens zwei Jahre lang halten.

Das haben sie bei Petja aber leider nicht getan. Gerade als ich meine Stiefel mit einem feuchten Lappen abgewischt habe (im Keller wird alles immer so staubig) und überlegt habe, ob ich sie vielleicht sogar noch putze, damit sie auf dem Regenrückhaltebecken nachher schöner aussehen, ist Petja von unten die Kellertreppe hochgedonnert gekommen.

»So ein Scheiß, Mann!«, hat er geschrien. »Was ist denn das für ein Kack!«

Da hat Mama gesagt, dass er bitte nicht Scheiß und Kack sagen soll. Und Petja hat gesagt, wenn es doch aber Scheiß und Kack ist, weil seine Füße nämlich überhaupt nicht mehr in seine Schlittschuhstiefel passen, die bleiben sogar schon ganz oben stecken.

Und das hat auch gestimmt. Bei mir waren die Stiefel ja nur so ein winziges bisschen zu eng, aber Petja hat seine Füße nicht mal mehr reingekriegt. Darum konnte er nicht mit zum Schlittschuhlaufen kommen, und ich konnte ganz gut verstehen, dass er so wütend war.

»Scheiß und Kack und Scheiß und Kack!«, hat er gebrüllt und einen Schlittschuhstiefel so an den Schnürsenkeln geschleudert, als ob er ihn durch die Gegend pfeffern wollte. Dann hat er ihn aber doch nicht losgelassen. »Manno!«

Und Mama hat ganz böse gesagt, dass sie jetzt aber gleich die Nase voll hat von diesen Wörtern und dass Petja bitte auch mal

daran denken soll, dass sein kleiner Bruder sich ein Beispiel an ihm nimmt und ihn immer gleich nachmacht. Da hat Petja schließlich auch eine Verantwortung.

»Mach ich Petja immer gleich nach, Mama?«, hat Maus gefragt. »Sag ich dann auch immer Scheiß und Kack und Kack und Scheiß und Pups und Blähpups?«

Dann wollte er sich fast hinschmeißen vor Lachen, und man

konnte richtig sehen, wie doll er sich gefreut hat, dass er jetzt all diese Wörter gesagt hat, und Mama konnte nicht mit ihm schimpfen. Sondern nur mit Petja. Dabei hatte der ja gar nicht Pups und Blähpups gesagt.

»Nein, so was sagst du nicht, Maus, weil du ein vernünftiger, gut erzogener großer Junge bist!«, hat Mama streng gesagt. »Aber dem jungen Mann hier muss wirklich mal einer ordentliche Manieren beibringen.« Das hat sie aber dann doch nicht gemacht, sondern stattdessen nur geseufzt. »Aber vorher kann ich dem jungen Mann ja vielleicht noch mal kurz helfen!«, hat Mama gesagt. »Komm mal mit in den Keller, Petja, vielleicht weiß ich die Lösung.«

Natürlich sind Maus und ich auch mit nach unten gegangen, und da hat Mama aus unserem Sportregal auch noch Papas und ihre Schlittschuhe genommen. Die von Papa waren Petja jede Wette viel zu groß, weil Papa Größe 46 hat. Aber Mama hat Größe 41, und sie hat gesagt, das müsste haargenau passen. Wenn Petja verspricht, dass er sich von jetzt an anständiger ausdrückt, dann kann er die ausleihen.

»Nee!«, hat Petja geschrien. »Ich zieh doch keine Weiberschuhe an!«

»Ja, dann kann ich dir leider nicht helfen!«, hat Mama gesagt und ist schon wieder nach oben gegangen. »Es war nur ein Vorschlag.«

Und ich hab gedacht, dass Petja jetzt vor lauter Wut, dass er Weiberschuhe anziehen soll, bestimmt gleich wieder seine Wörter sagt. Das hat er aber nicht getan. Er hat Mamas Stiefel immer so angestarrt und dann hat er seine alten angestarrt, und dann hat er geseufzt. Seine alten Stiefel waren nämlich so

coole schwarze Eishockeystiefel mit Rot, und Mamas waren so hübsche weiße, wie Mädchen sie tragen.
»Ach, Schuße und Kick!«, hat Petja gesagt. »Dann muss ich das wohl mal ausprobieren.«
Er hat sich Mamas Stiefel angezogen, und sie haben wirklich haargenau gepasst, und Maus ist immer so um ihn rumgehüpft und hat »Schuße und Kick! Schuße und Kick! Darf man das sagen, Petja, darf man das?« geschrien.
»Klar darf man das, logisch!«, hat Petja gesagt. »Das sagen coole Männer den ganzen Tag. Oder Schloße und Klack. Kannst du dir aussuchen.« Er ist ein paar Schritte mit Mamas Stiefeln auf und ab gegangen, das ist mit Schlittschuhen im Keller ja bestimmt ein komisches Gefühl. Aber dann hat er genickt. »Geile Teile«, hat er gesagt. »Total neue Mode, Leute! Voll stylish! Die tragen wir Männer ab nächsten Winter alle!«
Und ich hab gedacht, was für ein Glück es war, dass Mama nicht gehört hat, wie Petja »geil« gesagt hat, sonst hätte sie ihm die Stiefel vielleicht wieder weggenommen. Ich hab auch nicht gepetzt. Und Maus hat sowieso immer »Schuße und Kick! Schloße und Klack!« gebrüllt, da hatte er das sowieso nicht gehört.
Ich hab also sofort Fritzi und Jul angerufen, dass ich gleich losgehe, und dann auch noch Tieneke. Petja konnte nicht gleich mitkommen. Mama hat gesagt, zuerst wird Englisch gemacht und Mathe, und je schneller er sich an die Arbeit setzt, desto schneller kann er dann auch zum Schlittschuhlaufen gehen. Da hat Petja natürlich wieder gemault. Aber Wörter gesagt hat er nicht.
Als Tieneke und Fritzi und Jul und ich am Regenrückhalte-

becken angekommen sind, war sonst noch niemand da, auch Kiki und Caro nicht. Eigentlich weiß ich gar nicht so genau, was ein Regenrückhaltebecken ist, weil es so aussieht wie ein ganz normaler kleiner Teich mit ein paar Büschen drum herum, da müsste es ja eigentlich auch »Teich« heißen.
Hinterher hab ich aber Opa Kleefeld gefragt, und er hat gesagt, es ist gar kein echter Teich, den die Natur gemacht hat. Sondern man buddelt Regenrückhaltebecken überall, wo neue Häuser und Straßen gebaut werden, damit bei einem dollen Regen das Wasser nicht oben aus den Gullys kommt. Ganz richtig habe ich es nicht verstanden, aber ich bin jedenfalls froh, dass man es macht. Da hatten wir ja jetzt etwas, wo wir Schlittschuh laufen konnten.
Wir haben uns also gleich unsere Schlittschuhe angezogen. Dazu mussten wir uns leider einen Augenblick auf den kalten Boden setzen, das darf man im Winter ja eigentlich nicht. (Nur in den Monaten, in denen kein r vorkommt, darf man das. Das ist der Febrrrruar ja nicht.) Und Tieneke hat gesagt, auweia, wenn das bloß keine Blasenentzündung gibt.
»Wanderblasenentzündung!«, hab ich gesagt.
Da konnten Fritzi und Jul gar nicht verstehen, warum Tieneke und ich so doll lachen mussten, dass wir fast unsere Stiefel nicht angekriegt haben. Wir haben es ihnen aber erklärt.
Jul hat Fritzi ein bisschen mit den Stiefeln geholfen, und dabei hat sie gesagt, dass es nämlich ihre von vor drei Jahren sind, da ist sie rausgewachsen und Fritzi ist da jetzt reingewachsen. (Darum ist es so praktisch, wenn eine Familie nicht nur ein Kind hat. Man kann alles immer ein paarmal benutzen, da wird es billiger. Maus erbt ja auch immer die Schlafanzüge, die Petja

und ich vorher schon hatten, auch wenn da das Hosengummiband nicht mehr so gut hält. Daran ist er gewöhnt.)

Und Jul hatte die Schlittschuhe von ihrer Mutter ausgeliehen, weil ihr nämlich die vom letzten Jahr zu klein geworden sind.

»Echt jetzt?«, hab ich gerufen. »Petja auch!« Ich finde Zufälle immer so gut.

Und Jul hat gesagt, nee, oder, der zieht doch bestimmt keine Frauenschuhe an. Und ich hab gesagt, doch, das tut er, und er sagt, es ist eine neue Mode.

Dann sind wir erst mal immer nur so im Kreis um den Teich gelaufen (ich sag jetzt Teich, weil es ja irgendwie einer ist), und als wir uns richtig gut an die Schlittschuhe gewöhnt hatten, haben wir angefangen, Kunstfiguren zu laufen wie die Eiskunstläuferinnen im Fernsehen. Die haben dabei natürlich hübschere Sachen an.

Aber man sollte gar nicht glauben, wie schwierig das ist! Zuerst haben wir nur Pirouetten gemacht, da muss man sich immer so drehen und elegant aussehen, und das war noch fast ganz leicht; aber als wir dann auch Sprünge versucht haben (weil das unbedingt zum Eiskunstlauf dazugehört, hat Jul gesagt), ging es nicht mehr so gut. Beim Eiskunstlauf springt man ja nicht nur in die Luft und guckt, dass man möglichst weit fliegt wie beim Weitsprung oder möglichst hoch wie beim Hochsprung, sondern man muss sich in der Luft auch noch drehen. Das hat zuerst nicht so gut geklappt.

Jul konnte es am besten von uns allen, das war auch kein Wunder. Wenn eine zwei Jahre älter ist, hat sie ja auch zwei Jahre mehr Zeit zum Üben gehabt.

»Macht vorsichtshalber mal Platz, jetzt springe ich einen Dop-

pelaxel!«, hat Jul gerufen. Dann ist sie abgesprungen und hat sich in der Luft wirklich ein kleines bisschen gedreht. Und bei der Landung hingefallen ist sie auch nicht, sondern so ganz echt in die Knie gegangen. Sie hat dabei die Arme ausgebreitet, dass es fast wie im Fernsehen ausgesehen hat.

Aber Fritzi hat trotzdem gemeckert. »Das war gar kein Doppelaxel, das war ein einfacher Lutz!«, hat sie geschrien. »Noch nicht mal!«

In ihrer Familie gucken sie nämlich immer alle zusammen Eiskunstlaufen, darum wusste Fritzi das.

Aber bei uns gucken wir das leider nicht, darum kannte ich mich auch nicht aus. Ich weiß außerdem gar nicht, warum diese Sprünge alle Jungsnamen haben, das finde ich blöde.

»Ich spring jetzt einen doppelten Tara!«, hab ich darum gerufen und bin auch ganz elegant durch die Luft gesegelt. Die Arme hab ich auch ausgebreitet, wie Jul das gemacht hatte. Leider bin ich aber trotzdem nicht so gut aufgekommen, sondern mehr so auf meinem Po. Ich hab mir beim Hinfallen aber nicht wehgetan.

»Oh, ist ein doppelter Tara ein Sprung, bei dem man mit dem Hintern zuerst landet?«, hat Jul gefragt und ist schon wieder so ganz vornehm ihren Doppelaxel gesprungen, der ein einfacher Lutz war. »Na, der Sprung wird bestimmt weltberühmt werden!«
Ich hab doch gesagt, dass sie jetzt manchmal ziemlich zickig sein kann.

9

Wir spielen Eishockey

Gerade als ich sagen wollte, dass Jul nicht immer so gemein sein soll, und als Tieneke mir hinten meinen Pulli abgeklopft hat, damit man das mit dem Hinfallen nicht mehr sehen konnte, haben wir Petja gehört, wie er mit Vincent und Laurin durch die Büsche gestampft ist. (Tieneke hat mich übrigens nicht ausgelacht, als ich hingefallen bin. Dafür hat man schließlich eine beste Freundin, hat sie gesagt.)

»Halli-hallöchen!«, hat Petja gerufen. »Soll das hier jetzt die Weltmeisterschaft der Damen werden, oder was?« (Damit hat er natürlich Juls eleganten Sprung gemeint.) »Dann verpieselt euch mal lieber, Weltmeisterschaftsdamen! Hier geht es nämlich gleich ganz knallhart zur Sache!«

Da hab ich gesehen, dass die Jungs alle ihre Eishockeyschläger dabeihatten, mit denen sie sonst immer auf dem Bolzplatz mit Tennisbällen Eishockey spielen. Jetzt konnten sie es endlich mal richtig machen. Eishockey muss man ja eigentlich *auf dem Eis* spielen. Auf dem Bolzplatz müsste es eigentlich Bolzplatzhockey heißen.

Aber zuerst mussten sie sich ja noch ihre Schlittschuhe anziehen, und ich hab Tieneke zugeflüstert, dass die Jungs jetzt bestimmt auch alle drei eine Wanderblasenentzündung kriegen.

»Und dann spielen sie nicht Eishockey, dann wandern sie nur um den Teich!«, hat Tieneke geflüstert und die Knie immer abwechselnd ganz hoch gehoben und die Arme zackig angewinkelt und so getan, als ob sie marschiert wie ein Soldat. »Warum haben die denn keine Rucksäcke dabei? Rucksäcke braucht man doch, wenn man wandern will!«

»Wanderblasenentzündung!«, hat Fritzi gerufen und wollte sich totlachen. Jul hat immer noch weiter so graziös ihre Pirouetten gemacht und ihre Sprünge. Bestimmt wollte sie angeben. Aber die Jungs haben gar nicht zu ihr hingeguckt. Sondern leider zu uns.

»Was lachst du denn so, Friederike?«, hat Petja gesagt. »Gefallen dir etwa meine hochmodernen, technisch ausgereiften, vollelektronischen Schlittschuhstiefel nicht? Das ist die Mode von morgen!«

Da war ja klar, dass er gedacht hat, dass wir über *ihn* und Mamas Schlittschuhe lachen! Das mit der Wanderblasenentzündung hatte er gar nicht gehört. Zum Glück. Sonst wäre er bestimmt *richtig* wütend geworden.

»Ja, total krasse Teile!«, hat Vincent gesagt und auf Petjas Füße gestarrt. Laurin und er hatten natürlich wieder die allerneuesten und modernsten Schlittschuhe. Die von Laurin waren mit einem praktischen Knackverschluss. Ihr Vater hat ja so viel Geld, der kauft ihnen immer gute Sachen, da müssen sie nicht in einem Winter drei Paar Socken anziehen und im nächsten Winter die Zehen krumm machen. »Petjas Teile sind vollelektronisch! Mit denen kann man nämlich nicht nur Schlittschuh laufen, damit kann man auch im Internet surfen und Fotos machen und telefonieren!«

»Echt ehrlich jetzt, Petja, kann man das?«, hat Fritzi gefragt. Ich finde, so was darf Maus fragen, aber nicht eine, die in die zweite Klasse geht, da ist das peinlich. Aber Petja war wenigstens wieder beruhigt.

»Logisch kann man das!«, hat er gesagt und ist mit so einem wilden Satz aufs Eis gesprungen, wie die Eishockeyspieler das immer machen. Leider ist er dabei fast so hingeplumpst wie ich vorhin. Aber bei ihm war das wohl gar nicht schlimm.

»Sogar mit automatisch eingebauter Arschlandung«, hat er

zufrieden gesagt. »Den Dingern gehört die Zukunft!« (Dass er immer solche Wörter sagen muss!)

Dann haben die Jungs angefangen, Eishockey zu spielen, und da ist es für unseren Kunstlauf wirklich ein bisschen eng geworden. Wenn man immerzu den Puck zwischen die Kufen kriegt (Puck heißt ja der Ball beim Eishockey), dann traut man sich gar nicht mehr so richtig.

Darum habe ich gesagt, dass ich lieber auch mit Eishockey spiele. Vincent und Laurin hatten nämlich ihre alten Eishockeyschläger auch noch mitgebracht, da waren ja zwei übrig.

Hinterher hab ich Vincent gefragt, warum sie denn jeder zwei Schläger haben, und er hat gesagt, die neuen Schläger hat ihr Vater ihnen zusammen mit den neuen Schlittschuhen geschenkt. Er hatte ganz vergessen, dass sie schon Schläger hatten. Ich hab gedacht, es ist ja gut, wenn ein Vater einem immer so viel schenkt, aber ich finde Papa trotzdem besser. Weil er sich mit meinen Spielsachen auskennt und genau weiß, was ich schon habe. Daran merkt man irgendwie auch, dass er mich lieb hat. Das hab ich aber natürlich nicht zu Vincent gesagt. Ich wollte ihn nicht traurig machen.

Und jetzt war es doch außerdem gut, dass wir die beiden Extraschläger hatten. Weil ich nun doch auch noch einen nehmen konnte, und da hat Tieneke gesagt, dann will sie auch mitmachen. Und Fritzi hat geschrien, sie auch, sie auch. Aber für sie war leider kein Schläger mehr übrig und sie musste ins Tor. Petja hat gesagt, das ist sowieso besser für Fritzi, da muss sie nicht immer Angst haben, dass ihr mal einer auf dem Spielfeld aus Versehen den Schläger über die Rübe haut. Das Spielfeld war ja das Regenrückhaltebecken.

Und grade als wir die Mannschaften neu einteilen wollten, ist Jul gekommen und hat gesagt, na gut, dann macht sie auch mit. (Ich glaube, es war nur, weil sie jetzt keiner mehr bewundert hat mit all ihren Axeln und Lutzen.) Da war es ein bisschen schwierig, uns auf die Mannschaften aufzuteilen, weil wir jetzt eine ungerade Zahl waren (nämlich sieben Kinder, vier Mädchen und drei Jungs), und das ist für zwei Mannschaften kompliziert. Ungerade Zahlen kann man ja nicht durch zwei teilen, nur gerade. Das wissen schon die Erste-Klasse-Babys. Und einen Schläger hatte sie außerdem auch nicht.
Aber Petja hat gesagt, kein Ding. Fritzi und Laurin zählen so-

wieso jeder nur als halber Spieler und beide zusammen als ganzer. Und Vincent und er nehmen die beiden Halben mit in ihre Mannschaft, da sind sie dann drei, und Tieneke und Jul und ich sind auch drei und können die andere Mannschaft sein. Dann ist es genau gerecht.

Ich hab nicht gewusst, ob es wirklich so gerecht war, aber jedenfalls sahen unsere Mannschaften jetzt so aus:

Mädchenmannschaft:
Tieneke, ich und Jul (im Tor)
Jungsmannschaft (mit einem halben Mädchen):
Vincent, Petja, Laurin und Fritzi (im Tor)

Da ging es mit den Schlägern genau auf. Aber Jul hat gefragt, wie sie im Tor denn wohl den Puck halten soll ohne Schläger (in Wirklichkeit war der Puck aber immer noch ein Tennisball), und Vincent hat gesagt, nun bitte mal ein bisschen mehr Fantasie, sie kann den doch wohl mit dem Fuß halten.
Dann haben wir losgelegt, und es hat auch wirklich sehr viel Spaß gemacht. Tieneke und ich konnten vielleicht nicht ganz so gut spielen wie Petja und Vincent und Laurin, weil wir ja auch nicht so viel auf dem Bolzplatz geübt hatten; aber dafür war Fritzi in der Jungsmannschaft im Tor so schlecht, dass wir all unsere Tennisbälle an ihr vorbei reingekriegt haben. (Das Tor hatten wir übrigens mit so kleinen Stöcken gelegt.) Immer wenn ein Ball angesaust gekommen ist, ist Fritzi nämlich aus dem Tor weggerannt und hat geschrien wie am Spieß.
»Manno, die ist ja ein Totalausfall!«, hat Petja gebrüllt. »Wieso haust du denn immer ab, Friederike?«
Da hat Fritzi gesagt, wenn sie einen Tennisball so hart am Bein abkriegt oder sogar am Bauch, tut das weh, und das will sie nicht. Da spielt sie lieber nicht mehr mit.
Und gerade als Petja gesagt hat, dann eben nicht, dann sind sie eben in ihrer Mannschaft nur zweieinhalb, und Laurin ist im Tor wetten sowieso tausendmal besser als Fritzi, hat es in den Büschen immer so geraschelt, und kann sich jemand vorstellen, wer da gekommen ist? Nämlich überhaupt nicht Kiki und Caro, das hatte ich vielleicht gedacht. Sondern Oma und Opa Kleefeld.

10

Wir staunen über Wirbelwind Kleefeld und machen natürlich Picknick

»Hallo, hallo!«, hat Opa Kleefeld gerufen. »Na bitte, Ursel, da hatte ich doch recht, hier ist die ganze Bande versammelt!«
Und dann hat er gesagt, dass er vorhin gesehen hat, wie seine vier Lieblingsmädchen sich mit Schlittschuhen auf den Weg gemacht haben und seine drei Lieblingsjungs sind gleich hinterhergelaufen. (Ich weiß nicht, ob Maus gar nicht zu seinen Lieblingsjungs gehört. Ich hoffe aber doch.) Da konnte er sich ja denken, was wir vorhatten.
»Ihr habt doch hoffentlich nichts dagegen, wenn mein Chef und ich uns zu euch gesellen«, hat er gesagt. Sein Chef ist einfach nur Oma Kleefeld, das sagt er immer so. Opa Kleefeld sagt ja lauter lustige Sachen.
Wir haben gerufen, nein, wir haben überhaupt nichts dagegen. Weil ich doch dachte, *zu uns gesellen* heißt, dass er uns vom Ufer aus anfeuert; aber da hat Opa Kleefeld seinen altmodischen Rucksack aufgemacht, und was hat er da wohl rausgeholt? Ein Paar Männerschlittschuhe, da sahen die Stiefel schon sehr, sehr alt und sehr, sehr abgestoßen aus, aber die Kufen

haben noch geglänzt wie neu und waren kein bisschen verrostet.
»Na, dann wollen wir mal!«, hat Opa Kleefeld gesagt und sich beim Schuheanziehen auf Oma Kleefelds Schulter gestützt. So musste er sich nicht auf den kalten Boden setzen. (Dabei hatte er doch einen Rucksack mit, hat Tieneke geflüstert. Also hätte er ja ruhig eine Wanderblasenentzündung kriegen können.) »Mal gucken, was die alten Knochen noch alles so schaffen können!«
Da war ich ziemlich erschrocken, weil ich gedacht habe, so leicht ist Schlittschuhlaufen ja nicht und es ist bestimmt nichts für alte Leute. Nachher fällt er noch hin und dann bricht er sich vielleicht ein Bein. Das passiert bei alten Leuten doch immer schnell.
Aber oh, wie Opa Kleefeld flitzen konnte! Er ist immer im Kreis um das Regenrückhaltebecken gelaufen und hat den Oberkörper ganz weit nach vorne gebeugt und die Arme auf dem Rücken gehalten, dass er aussah wie ein Rennläufer. Dabei hat er ganz weite Schritte gemacht. Da haben sogar die Jungs zu ihm hingeguckt.
»Bravo, Opa Kleefeld!«, hab ich gerufen. »Du kannst das ja!«
Und Opa Kleefeld hat gesagt, na, das sollte er wohl auch können, er hatte schließlich viele Jahre Zeit, es zu lernen. Und seine Schlittschuhe hat er schon gehabt, da war von uns Kindern noch keins geboren, das sind echte Antiquitäten. Als er ein Junge war, waren die Seen und die Flüsse in jedem Winter zugefroren, und da sind die Kinder immer aufs Eis gegangen.
»Aber Schlittschuhe hab ich damals natürlich noch nicht gehabt«, hat Opa Kleefeld gesagt. »So was Teures konnten wir

uns nicht leisten.« Und er hat erzählt, dass er sich die dann gleich gekauft hat, als er ein junger Mann war und sein erstes Geld verdient hat. Aber Oma Kleefeld wollte keine Schlittschuhe haben. Die fand Schlittschuhlaufen zu gefährlich.

»Das ist doch nicht gefährlich, Oma Kleefeld!«, hab ich gerufen. »Guck mal!« Und ich hab eine Pirouette gedreht und bin auch noch einen doppelten Tara gesprungen, und diesmal bin ich nicht hingefallen.

»Donnerwetter!«, hat Oma Kleefeld gesagt, und da haben auch Tieneke und Fritzi und Jul Kunststücke vorgeführt, und Oma

Kleefeld hat gesagt, ja, ja, glückliche Kindheit, sie haben sich früher manchmal Stöcke unter die Füße gelegt und sind damit auf dem Eis rumgeschlittert. Die Stöcke sind aber immer ganz schnell weggerutscht, da haben wir es schon besser.

»Aber das haben so nette Kinder auch verdient!«, hat Oma Kleefeld gesagt.

Ich finde es immer so schön, wenn Opa und Oma Kleefeld von früher erzählen. Aber manchmal macht es mich auch ein bisschen traurig, weil sie doch so schrecklich arm waren. Dann sagt Opa Kleefeld immer, ich soll mir keine Sorgen machen, sie haben sich nämlich kein bisschen arm *gefühlt*. Mit Stöcken als Schlittschuhe konnte ich das aber kaum glauben.

Jetzt hatte Opa Kleefeld zum Glück ja echte Schlittschuhe, und er konnte sogar Pirouetten wie Jul, und beim Eishockey wollte er auch mitmachen. Ich hab gleich gewusst, dann wird es lustiger. Er hat gesagt, wenn es gestattet ist, geht er in die Damenmannschaft. Wenn er sich nicht verzählt hat, fehlt bei uns sowieso noch ein Spieler, und außerdem liebt er von jeher die Damen. Dabei hat er Oma Kleefeld so zugezwinkert und Oma Kleefeld hat ihm mit dem Finger gedroht. Aber nicht im Ernst.

»Wir sind doch keine Damen, Opa Kleefeld!«, hat Fritzi gesagt. Sie war aber sowieso in der anderen Mannschaft bei den Jungs.

»Und hier kommt auch schon Wirbelwind Kleefeld, liebe Hörer zu Hause an den Volksempfängern!«, hat Opa Kleefeld da auch schon geschrien und versucht, sich zwischen Petja und Vincent zu drängeln. Einen Schläger hatte er nicht, aber er hat gesagt, wenn wir die Regeln ein bisschen verändern, kann er gut mit

dem Fuß spielen. »Wirbelwind Kleefeld greift an! Und Panik! Panik bricht aus in der Gegenmannschaft!«
Das hat aber überhaupt nicht gestimmt, sondern Petja und Vincent sind einfach an Opa Kleefeld vorbeigezischt, und dann haben sie den Tennisball ganz schnell in unser Tor geschlagen. Da konnte ihn nicht mal Jul halten.
»Enttäuschung unter den Zuschauern!«, hat Opa Kleefeld geschrien. »Was ist bloß los mit Wirbelwind Kleefeld?« Er hat nämlich die ganze Zeit so getan, als ob er nicht nur ein Eishockeyspieler ist. Sondern auch ein Reporter. »Wo ist sein Kampfgeist geblieben? Kann es sein, dass er eingerostet ist? Ist Wirbelwind Kleefeld etwa nicht mehr der beste Eishockeyspieler Deutschlands?«
Da hat Oma Kleefeld vom Ufer her gerufen, dass es wohl ganz danach aussieht. Aber *ihr* heißer Früchtetee mit Zitrone und Honig *ist* immer noch der beste Deutschlands, und Kekse hat sie auch dabei, und wenn wir wollen, können wir uns die jetzt abholen.
War das nicht schön? Da war es ja ein Glück, dass Oma Kleefeld nicht auch Schlittschuh laufen wollte, sonst hätten wir jetzt gar nichts zu essen und zu trinken gehabt. Sie hatte einen Korb mitgebracht, in dem lagen drei Thermoskannen (Oma Kleefeld sagt, seit sie im Möwenweg wohnt, braucht sie so viele) und zehn bunte Becher und zwei Plastikdosen und drei verschiedene Sorten Weihnachtsservietten. Das waren die Reste vom Weihnachtsfeste, hat sie gesagt, und auf dem Eis bei wunderschöner Winterstimmung kann man ruhig noch mal Weihnachtsservietten nehmen, auch wenn es ja schon Februar ist und Weihnachten längst vorbei.

Das hab ich auch gefunden, und ich hab mir eine ganz süße Serviette mit einem Rentier mit roter Nase ausgesucht, das heißt Rudolf. Tieneke hat sich die gleiche ausgesucht. Mit der Serviette haben wir dann unsere Becher gehalten. Weil man sich sonst an dem heißen Früchtetee die Finger verbrannt hätte.

Und oh, da war es so gemütlich! Wir haben alle auf dem zugefrorenen Regenrückhaltebecken gestanden und Oma Kleefelds besten Früchtetee getrunken, und dazu haben wir ihre allerletzten Weihnachtskekse gegessen. Ich hatte vorher gar nicht gewusst, was für einen großen Hunger ich hatte, und was für einen großen Durst, auch nicht. Aber jetzt hab ich es plötzlich gemerkt. Und Oma Kleefeld hat gesagt, um Hunger und Durst geht es bei unserem kleinen Winterpicknick gar nicht so sehr. Sondern darum, dass wir uns zwischendurch mal ordentlich von innen aufwärmen.

Dann hat sie die zweite Dose aufgemacht, und kann sich einer vorstellen, was da drin war? Verdreihte Görn! Ich kannte es vorher noch nicht, es sind aber so kleine Schmalzgebäckkuchen in einer ganz komischen verknoteten Form, die schmecken ein bisschen wie Berliner ohne Marmelade, nur viel, viel besser. Und Oma Kleefeld hat gesagt, als sie ein Kind war, haben sie zum Fasching immer Verdreihte Görn gebacken, das ist Plattdeutsch und heißt verdrehte Kinder. Darum hat es gut gepasst, weil wir doch sieben Kinder waren! (Nur verdreht waren wir natürlich nicht.) Und weil bald Fasching war, hat es ja außerdem auch gepasst.

»Die sind aber lecker, Oma Kleefeld!«, hat Fritzi gesagt und sich gleich noch ein Verdreihtes Gör genommen.

Und Jul hat gesagt, na gut, eigentlich achtet sie schon ein bisschen auf ihre Figur, aber eins schafft sie auch noch. Sie kann dann ja weniger zum Abendbrot essen.

Oma Kleefeld hat sich gefreut, dass es uns so gut geschmeckt hat, und sie hat gesagt, wenn wir Lust haben, können wir zum Fasching alle bei ihr vorbeikommen, dann zeigt sie uns, wie man Verdreihte Görn backt. So schwierig ist es nämlich gar nicht. Und dann können wir unseren Eltern welche mitbringen.

Danach sind wir alle wieder aufs Eis gegangen und haben weitergespielt. Petja hat jetzt natürlich Opa Kleefeld nachgemacht und auch angefangen, wie ein Reporter zu reden.

»Und hier kommt der weltbeste Petja, der schwarze Blitz!«, hat er geschrien, aber da ist Opa Kleefeld schon ganz wild auf ihn zugestürmt und hat immer so mit den Armen gefuchtelt.

»... und der macht sich aus Angst vor Wirbelwind Kleefeld gleich in die Unterbüx!«, hat Opa Kleefeld gebrüllt. Wirklich wahr! Ein erwachsener Mann! Sogar ein Opa! Zum Glück war Mama nicht da, die wäre bestimmt ganz erschrocken gewesen. »Wilhelm!«, hat Oma Kleefeld gerufen. Bestimmt war sie auch erschrocken, was für ungezogenes Zeugs ihr verheirateter Mann gesagt hat. »Sag doch nicht solche Sachen!«

Aber Tieneke und ich konnten vor Lachen gar nicht mehr weiterspielen. *Unterbüx* ist ja noch viel peinlicher als *Wanderblasenentzündung*. Aber für unsere Mannschaft war das Gelächter leider nicht so gut, weil Petja da nämlich wieder an uns vorbeigezischt ist, und dann hat er Jul den Tennisball einfach ins Tor gelegt.

»So, bitte sehr!«, hat er zufrieden gesagt. »Wer sich hier wohl gleich in die Unterbüx macht! Nun haben meine vollelektronischen Superschlittschuhe es euch aber mal gezeigt!«

Genau da hat plötzlich Mama am Ufer gestanden mit Maus an der einen Hand und einem Korb in der anderen.

»Picknickpause!«, hat sie gerufen. Dabei hat sie ganz fröhlich mit einer Thermoskanne durch die Luft gewedelt.

Da mussten wir ihr leider sagen, dass wir grade schon gepicknickt hatten, und für ihre gesunden Apfelschnitze und Karottensticks und gepulten Clementinen war in unseren Mägen leider nicht mehr so viel Platz. Mama hat geseufzt und gesagt, so kann es gehen, wenn man zu spät kommt. Sie mussten aber zu Hause noch nach meinen alten Gleitschuhen für Maus suchen (vor mir hatten die natürlich Petja gehört), darum hat sich alles ein bisschen verzögert. Und das ganze Obst und Gemüse aus dem Picknickkorb gibt es dann bei uns zum Abendbrot als Beilage. Sie ist sich sicher, bis dahin haben wir alle wieder Hunger.

Da war ich froh, dass Mama nicht enttäuscht war, weil sie sich jetzt die ganze Mühe gemacht hatte, und nun hat sich niemand über ihr Picknick gefreut. Aber so schnell sind Mütter zum Glück ja nicht enttäuscht.

Maus ist dann auch noch zu uns aufs Eis gekommen, und er hat gesagt, Eishockey kann er auch.

»Nee, aber wirklich nicht!«, hat Petja gestöhnt und die Augen gerollt. »Wir haben doch schon Fritzi und Laurin in unserer Mannschaft, die sind sowieso nur zwei halbe Spieler! Und der ist ja noch nicht mal ein viertel!«

»Petja!«, hat Mama gesagt.

»Was bin ich nicht, Mama?«, hat Maus ganz böse gefragt.

»Warum bin ich kein Apfel? Ich bin ja wohl kein Apfel, du Doofer!«

Da mussten Tieneke und ich uns vor lauter Lachen fast aufs Eis schmeißen. (Aber das hätte dann ja *bestimmt* eine Wanderblasenentzündung gegeben, darum haben wir es nicht getan.) Weil Maus überhaupt gar nicht verstanden hat, was Petja meint! Er kennt das Wort Viertel ja nur von Apfelvierteln und solchen Sachen, und dabei ist Viertel doch in Wirklichkeit die Hälfte von halb und es ist Mathematik und man lernt es in der Schule. »Doch, klar bist du ein Apfel, Maus!«, hab ich gerufen. »Weil ihr Jungs nämlich die Obstmannschaft seid! Und Petja ist eine Pflaume!«

»Na warte!«, hat Petja gebrüllt und mich über das ganze Regenrückhaltebecken gejagt. Aber er war nicht wirklich wütend. Mehr so lustig wütend. Darum haben wir auch gleich noch alle zusammen Ticken gespielt, das macht mit Schlittschuhen ja auch mehr Spaß als auf der normalen Erde.

Eishockey haben wir aber nicht mehr gespielt.

Plötzlich hat Opa Kleefeld gesagt, wir sollen mal gucken, am Horizont färbt sich der Himmel schon ganz rosa und gleich geht die Sonne unter. Das hat auch gestimmt und da war es auf einmal ganz kalt. Das hatte man vorher gar nicht so gemerkt. Darum sind wir alle nach Hause gegangen.

Ich hab es aber nicht schade gefunden, meine Zähne haben nämlich sowieso plötzlich geklappert und wir hatten ja schon den ganzen Nachmittag so viel Spaß gehabt. Und wenn der Himmel abends rot ist, bedeutet das ja, dass es am nächsten Tag schönes Wetter gibt. Da konnten wir morgen wieder Schlittschuh laufen.

Das hab ich zu Tieneke gesagt, und sie hat gesagt, sie kommt auch wieder mit. Und Kiki und Caro kommen dann vielleicht auch.
Da waren wir schon zu Hause angekommen, und Mama hat in der Küche für Petja und Maus und mich ein heißes Fußbad gemacht, wie Mütter das müssen, wenn die Kinder im Winter draußen ganz durchgefroren sind. Und für jedes Kind auch noch einen Becher Kinderpunsch, das finde ich immer so gemütlich.
Das hab ich auch zu Mama gesagt, und sie hat gesagt, natürlich freut sie sich, wenn ich es gemütlich finde, aber eigentlich macht sie es nicht wegen der Gemütlichkeit. Sie macht es, damit ihr keins ihrer Kinder krank wird, da ist ein heißes Fußbad die allerbeste Vorbeugemedizin und ein heißer Kinderpunsch auch.
Das hat nur leider nicht gestimmt. Aber das haben wir erst am nächsten Morgen gemerkt.

11

Ich bin krank, aber es ist keine Wanderblasenentzündung

Ich weiß nicht, was Mama falsch gemacht hat, aber jedenfalls hat das mit dem heißen Fußbad und dem Kinderpunsch dieses Mal nicht funktioniert. Dass sie die beste Vorbeugemedizin sind, meine ich, und dass man dann nicht krank wird, auch wenn man draußen gefroren hat.

Als Mama mich am nächsten Morgen geweckt hat, hab ich nämlich so ein ganz kratziges Gefühl im Hals gehabt und meine Nase ist auch gelaufen. Und als ich aufstehen wollte, hab ich plötzlich gewusst, dass der Weg zum Badezimmer mir viel zu weit ist, weil meine Beine wie aus Gummi waren und mein Kopf hat sich auch so gedreht. Da hab ich mich ganz schnell wieder auf mein Bett gesetzt.

»Mama!«, hab ich gerufen. Es ist aber nur ein Krächzen rausgekommen. Ich hab mich zurück in mein Bett gekuschelt und die Augen wieder zugemacht. Ich hab gedacht, dass ich heute bestimmt nicht zur Schule gehen kann. Wenn mir der Weg zum Badezimmer schon zu weit ist, ist mir der Weg zur Schule ja erst recht zu weit.

»Tara!«, hat Mama von unten aus der Küche gerufen. Da hat sie unser Pausenbrot fertig gemacht. »Bist du aufgestanden?« Ich hab ihr aber nicht geantwortet, weil ich das gar nicht konnte, und mein Kopf wollte das irgendwie auch nicht, und dann hab ich zum Glück gehört, wie Mama noch mal zu mir hochgekommen ist. Manchmal schlafen Petja und ich nach dem ersten Wecken noch mal wieder ein, da muss sie immer aufpassen. Sonst kommen wir zu spät zur Schule. Aber eigentlich passiert das bei mir gar nicht so oft. Mehr bei Petja.

»Tara!«, hat Mama gesagt und mich an der Schulter gerüttelt. (Aber nur ein bisschen.) »He, du alte Schlafmütze! Du musst aufstehen! Die Schule wartet!«

»Ich bin krank!«, hab ich gekrächzt. »Ich muss zu Hause bleiben, Mama!«

Da hat Mama ganz erschrocken geguckt und hat »Ach du je, arme Taramaus!« gesagt, und dann hat sie ihre rechte Hand auf *meine* Stirn gelegt und ihre linke auf ihre *eigene* Stirn. So macht man es ja, um zu gucken, ob ein Kind Fieber hat.

»Hm«, hat Mama gesagt. »Heiß bist du. Aber ich glaube, so ganz dramatisch ist es nicht.«

Dann hat sie mein pinkes Fieberthermometer aus unserem Medizinschrank geholt, von dem ist das Bild mit der winzigen Prinzessin leider schon fast ganz abgerubbelt, und ich musste es in den Po stecken. (Das ist auch peinlich. Aber da messen wir bei uns in der Familie immer, weil es am genauesten ist, sagt Mama.) Es hat auch ganz schnell gepiept.

»38,5«, hat Mama gesagt und die Stirn gerunzelt. »Na, da geht die Welt noch nicht unter.«

»Doch!«, hab ich geflüstert, und Mama hat gelacht.

Aber zu hoch ist die Temperatur auf alle Fälle, hat sie dann gesagt, vor allem so früh am Tag. (Wenn man Fieber hat, wird das ja von morgens bis abends immer höher, das weiß ich. So war es nämlich, als Maus die Windpocken hatte.)
»Dann lassen wir dich heute mal lieber im Bett, was, Taramädchen?«, hat Mama gesagt und mir so ganz lieb über den Kopf gestrichen. »Damit du dich in Ruhe ordentlich auskurieren kannst. Und morgen bist du dann bestimmt wieder so fit wie ein Turnschuh.«
Ich musste aber nicht lachen, so krank hab ich mich gefühlt.
Dann hat Mama das Licht in meinem Zimmer wieder ausgeschaltet und ganz, ganz leise die Tür zugemacht. Damit mich der Krach nicht stören sollte, den Petja und Maus beim Anziehen und im Badezimmer gemacht haben. »Schlaf noch mal schön, du kranke Suse!«, hat Mama geflüstert.
Und kann man es glauben? Das hab ich auch tatsächlich gemacht, obwohl es doch eigentlich schon Morgen war. Aber in dem dunklen Zimmer hat es sich trotzdem angefühlt wie mitten in der Nacht.
Als ich wieder aufgewacht bin, hat es das aber nicht mehr. Durch die Vorhänge ist ein bisschen Licht ins Zimmer gefallen, da wusste ich, dass ich noch ordentlich geschlafen hatte. Und ich hab auch gleich gemerkt, dass ich mich schon viel besser fühle.
Leider konnte ich Mama ja nicht rufen, weil doch meine Stimme so krächzig war, aber Mama hat trotzdem plötzlich in der Tür gestanden.
»Na, mein armes krankes Mädchen?«, hat sie gesagt, und ich hab gedacht, wie gut es ist, dass Mütter irgendwie immer Be-

scheid wissen und kommen, auch wenn ihr krankes Kind sie nicht rufen kann. Tieneke hat erzählt, sie hat mal im Fernsehen gesehen, dass eine Mutter immer spürt, was mit ihrem Kind los ist, dafür ist sie ja die Mutter. Es ist fast wie Zauberei.

So ist es aber bei uns nicht gewesen.

»Bist du aufgewacht?«, hat Mama gefragt. »Ich hab dein Bett knarren hören, da hab ich mir gedacht, jetzt guck ich lieber mal nach dir! Du hast über drei Stunden geschlafen!«

Da war Mama ja leider nicht so wie diese Mütter im Fernsehen, wenn sie nur wegen dem Bettenknarren gekommen ist; aber ich hab gedacht, egal, dann ist es wenigstens ein Glück, dass mein Bett schon ein bisschen alt ist.

»Und wie geht es dir jetzt?«, hat Mama gefragt.

Ich hab geflüstert, dass ich glaube, es geht mir schon viel besser, und Mama hat gesagt, wunderbar. Dann hat sie mir eine Tasse heißen Fliederbeersaft mit Honig gebracht. Das ist bei Erkältungen das Allerallerbeste, sagt Oma Friedrichstadt. Den Fliederbeersaft kriegen wir nämlich immer von ihr, sie geht im Herbst immer Fliederbeeren pflücken und kocht sie zu Saft, und wenn wir dann mal krank sind, haben wir gleich was Gutes im Haus.

Mama hat also ein altes Handtuch auf meine Bettdecke gelegt, weil man Fliederbeerflecken ja nie im Leben wieder rauskriegt, da hat sie Erfahrung; und dann musste ich den heißen Saft schlückchenweise trinken.

»Arme und Beine unter die Decke! Jetzt wird ordentlich geschwitzt!«, hat Mama gesagt. Das finde ich immer nicht so gut. Aber das war Mama egal. Schwitzen ist ein altes Hausmittel

und sehr wirksam, hat sie gesagt, und wehe, wehe, wenn ich schummele und einfach einen Fuß unter der Bettdecke rausstrecke oder einen Arm, weil mir zu heiß ist. Dann kann es nicht funktionieren.

Ich hab es auch gut ausgehalten und nur ein einziges Mal ein kleines bisschen geschummelt. Wenn man nur mal kurz eine Hand unter der Decke raushält und damit wedelt, macht das bei einem alten Hausmittel doch bestimmt nichts aus.

Nach dem Schwitzen hat Mama mich gefragt, ob ich glaube, dass ich es schon wieder ganz alleine bis zur Dusche schaffe (duschen muss man nach dem Schwitzen ja), und da habe ich gemerkt, dass der Weg zum Badezimmer überhaupt nicht mehr so weit war und meine Beine nicht mehr aus Gummi.

Danach hab ich einen frischen Schlafanzug gekriegt, und Mama hatte in meinem Zimmer das Fenster ganz weit aufgerissen, damit die Bazillen und die Bakterien und die Viren, und wie diese Krankmacher alle heißen, gefälligst nach draußen verschwinden sollten, und die frische Luft konnte reinkommen. Und meine Bettdecke hatte sie ordentlich ausgeschüttelt und einen sauberen Bezug darübergezogen, da war in meinem Zimmer alles ganz frisch, und ein bisschen kühl war es auch. Das hat sich aber gut angefühlt.

»So, nun müsste es eigentlich ganz schnell aufwärtsgehen mit dir, Taramädchen!«, hat Mama gesagt und die schöne saubere Decke um mich rumgestopft.

Das hab ich auch geglaubt. Sonst verstehe ich eigentlich nie so gut, warum man so oft die Bettwäsche wechseln muss. Petja und ich müssen das nämlich immer alleine. Das ist sehr nützlich, wenn wir mal auf Klassenfahrt gehen, dann können wir es schon, hat Mama gesagt, als Petja gemault hat. Aber nur wegen der Klassenreise muss man es eigentlich nicht jede Woche machen, einmal im Monat reicht auch. (Oder zu besonderen Tagen wie Weihnachten und Ostern und Geburtstag und Valentinstag. Das hat Petja vorgeschlagen, und ich finde, es stimmt, aber Mama lässt nicht mit sich reden.)

Aber heute hat sich die neue Bettwäsche ganz wunderbar gut und kühl und sauber angefühlt. Und frisch nach Waschmittel geduftet hat sie auch. (Es war außerdem meine Lieblingsbettwäsche. Da ist auf dem Kopfkissen eine kleine Maus, die schlafwandelt und hat eine Schlafmütze auf dem Kopf und eine Kerze in der Hand, und auf der Bettdecke sind lauter weiße und gelbe Sterne.)

Ich weiß nicht, ob es anderen Menschen auch so geht, aber ich finde es immer so schön, wenn ich mal ein *ganz kleines bisschen* krank bin. Ich finde es *nicht* schön, wenn ich Kopfschmerzen habe und Halsschmerzen und Fieber oder wenn ich spucken muss. Aber wenn nur der Hals so ein bisschen krächzig ist und die Nase läuft, dann ist es eigentlich fürchterlich gemütlich in meinem Bett. Sonst liegt man ja nicht mitten am Tag im Bett und die Mutter kommt immerzu rein und guckt, ob es einem auch gut geht, und ist sehr lieb und bringt Apfelschnitze und Clementinen. (Da hatten wir ja noch welche von gestern.) Und

dann setzt sie sich auf die Bettkante und liest ein bisschen vor. Obwohl ich natürlich seit tausend Jahren selbst lesen kann. Aber wenn man krank ist, kriegt man trotzdem gerne vorgelesen. So ist das nämlich bei uns.

Da war ich eigentlich ganz zufrieden, dass das Fußbad gestern Abend nicht vorbeugend gewirkt hatte und der Kinderpunsch auch nicht, und ich hab Mama gezeigt, auf welcher Seite ich in meinem Buch gerade bin und wo sie anfangen soll mit dem Vorlesen. Das hat Mama auch gemacht.

Und kann es einer glauben? Da bin ich beim Vorlesen doch tatsächlich noch mal eingeschlafen! (Dabei war es im Buch eigentlich gerade sehr spannend.) Das hab ich daran gemerkt, dass ich plötzlich wieder aufgewacht bin, und Mama saß nicht mehr auf meiner Bettkante und die Sonne hat ins Zimmer geschienen, und mein Wecker auf dem Bücherregal, der eine Henne ist mit einem Zifferblatt im Bauch, hat schon fast halb zwei gezeigt. Ich hab außerdem gehört, wie mein Magen unter der Bettdecke geknurrt hat.

»Mama!«, hab ich gerufen, und diesmal hat es auch geklappt. Meine Stimme hatte sich wohl auch ausgeschlafen. Und mein Hals hat auch gar nicht mehr gekratzt. »Ich hab Hunger!«
Wenn man richtig Hunger hat, ist man schon wieder so gut wie gesund, sagt Mama immer. Das hab ich auch daran gemerkt, dass ich plötzlich gar nicht mehr im Bett bleiben wollte, obwohl es doch so gemütlich war. Ich hatte irgendwie so ein langweiliges Gefühl.
»Na, das ist aber fix gegangen mit dir!«, hat Mama gesagt. »Da sieht man doch wieder mal, wie gut die alten Hausmittel wirken.«
Ich hab es nicht gesagt, aber ich habe gedacht, dass die alten

Hausmittel Fußbad und Kinderpunsch gestern Abend ja eigentlich nicht so gut gewirkt hatten. Sonst hätte Mama nachher noch gesagt, na gut, dann gibt es in Zukunft kein Fußbad mehr, sondern gleich Fliederbeersaft und Schwitzen. Das fand ich keine so gute Idee.

»Darf ich aufstehen?«, hab ich so ganz bettelig gefragt. »Bitte, Mama!«

Aber Mama hat gesagt, nichts da, heute wird noch mal den ganzen Tag schön im Bett geblieben. Und zum Essen bringt sie mir unser Füßchentablett, das kann man über die Bettdecke stellen und dann kann ich auch im Bett gut essen. Da hab ich es wieder sehr gemütlich gefunden.

Mama hatte mir extra Hühnersuppe gekocht, die soll man ja essen, wenn man erkältet ist, und ich mag sie auch gerne. (Das Suppengemüse nicht.) Dann hat Mama mein Kissen aufgeschüttelt, damit ich im Bett gemütlich sitzen konnte, und dann ist sie wieder nach unten geflitzt, weil Petja und Maus schließlich auch essen wollten.

Und kann man es glauben? Gerade als ich alles Hühnerfleisch aus der Suppe rausgefischt und gegessen hatte und ein bisschen von der Brühe auch, hat es an der Haustür geklingelt. Da hab ich natürlich gleich gewusst, wer das ist.

»Na, hallo, Tara!«, hat Tieneke gesagt und ist vorsichtshalber gar nicht so weit in mein Zimmer reingekommen. »Dein Bett knarrt aber doll!«

Dass sie das gleich gemerkt hatte! Ich hab aber gesagt, das ist sehr nützlich für meine Mutter, wenn ich krank bin. Und außerdem weiß Tieneke es doch sowieso, weil sie schließlich manchmal bei mir übernachtet.

Tieneke hat gesagt, wenn sie bei mir übernachtet, dann schläft sie ja wohl und hört nicht, ob mein Bett knarrt. »Aber du klingst wirklich ganz krank, Tari!«, hat sie gesagt. »Ist es etwa eine Wanderblasenentzündung?«
Da musste ich lachen, es ist aber ein Husten daraus geworden.
»Wanderhalsschmerzen«, hab ich geflüstert.
»Frau Streng hat gesagt, ich soll dir die Hausaufgaben vorbeibringen«, hat Tieneke gesagt, als sie wieder sprechen konnte. Sie musste natürlich auch lachen.
Hab ich es nicht gewusst? Bei den Hausaufgaben heißt Frau Streng eigentlich genau richtig.
»Ich bin zu krank für Haussis«, hab ich gesagt. Ich hab gehofft, dass Mama das auch findet. Aber Tieneke hat mir trotzdem einen Zettel hingelegt, den hatte sie extra für mich aus ihrem Hausaufgabenheft abgeschrieben. Sie hat ihn aber nicht auf meinen Schreibtisch gelegt, da hatte sie zu viel Angst, dass sie sich ansteckt. Sondern einfach so auf den Fußboden neben der Tür. Ich hab gedacht, dass er da ja vielleicht wegflattert, dann muss ich die Hausaufgaben nicht machen.
»Habt ihr eine Arbeit geschrieben?«, hab ich gefragt. Das wäre doch gut gewesen, dann hätte ich die verpasst. Aber ich hab schon gewusst, dass sie keine geschrieben hatten. Arbeiten kündigt Frau Streng leider immer vorher an, damit man noch mal ordentlich üben kann.
»Nee!«, hat Tieneke geflüstert. »Haben wir nicht! Aber weißt du, was ich und Kiki und Caro gemacht haben?«
Dann hat sie erzählt, dass sie noch mal alle Jungshefte in der Klasse kontrolliert haben und dass von unseren Jungs ganz

bestimmt keiner meine geheime Valentinskarte geschrieben hatte. Das hab ich irgendwie sehr beruhigend gefunden. So toll sind unsere Jungs alle nicht.

»Und morgen machen wir das in der Zweiten!«, hat Tieneke gesagt. Ich hab überlegt, ob ich es gut finde, wenn sie das jetzt alles ohne mich machen. Schließlich war es ja *meine* Liebeskarte. »Vielleicht ist ja einer von den Babys in dich verliebt! Vierte haben wir ja schon geguckt und Erste brauchen wir nicht. Die können noch nicht so gut Schreibschrift.«

»Vielleicht komm ich morgen ja schon wieder!«, hab ich gesagt. »Dann mach ich mit!«

Aber Tieneke hat gesagt, nee, nee, ich soll lieber noch mal schön zu Hause bleiben, sonst stecke ich hinterher noch alle an. Und sie muss jetzt leider auch schon gehen.
Da hab ich gewusst, dass sie wirklich Angst hatte, dass sie sich ansteckt, und das war doch ein kleines bisschen albern.

Aber Tieneke hat gesagt, am Samstag ist doch der Kinderfasching von der freiwilligen Feuerwehr in der Sporthalle, da will sie nicht krank sein. Ihre Mutter hat ihr aus dem Internet so ein ganz süßes Prinzessinnenkleid mit ganz viel Spitze gekauft und mit Glitzersteinen drauf.
»Das sieht voll echt aus!«, hat sie gesagt.
Dabei tragen die echten Prinzessinnen, die es im Fernsehen gibt, eigentlich immer so ganz normale langweilige Kleider. Die Armen! Aber mit solchen Kleidern kann man ja nicht zum Fasching gehen.
Ich hab gedacht, dass es irgendwie ungerecht ist, wenn Tieneke jetzt schon wieder ein tolles Prinzessinnenkostüm hat, und dabei ist ihr das alte vom letzten Jahr gerade nur ein ganz kleines bisschen zu kurz geworden. (Das wusste ich nämlich, weil sie es Silvester zum Rummelpottlaufen angezogen hatte.) Aber auf eine beste Freundin soll man ja nicht neidisch sein. Das bin ich auch nicht gewesen.
»Tschüss, Tieneke!«, hab ich gesagt. »Bringst du mir morgen wieder die Haussis?«
»Logisch!«, hat Tieneke gerufen. Dann war sie schon weg.
Und ich hab gedacht, dass ich mich nun aber wirklich anstrengen muss, damit ich gesund werde. Den Kinderfasching will ich ja bestimmt nicht verpassen, auch wenn ich noch nicht weiß, was für ein Kostüm ich da anziehen kann. Und wenn Mama mir noch mal Fliederbeersaft zum Schwitzen bringt, dann halte ich das ganz gut durch und wedele nicht mal mit der Hand.

12

Wenn man krank ist, kriegt man viele Geschenke

Petja und Maus haben auch kurz mal zur Tür reingeguckt und mir gute Besserung gewünscht, das war doch nett von ihnen. »Ich hab ein Bild für dich gemalt, Tari!«, hat Maus gesagt und ist einfach so zu meinem Bett gekommen. Er ist ja noch klein und weiß nicht, dass man sich anstecken kann. »Findest du das gut? Zur Gesundheit ist das! Das ist ein Schwertkämpfer, der ist ganz gefährlich! Findest du den gut?«

Ich hab gesagt, dass ich den wirklich toll finde. Obwohl ich eigentlich nicht genau erkennen konnte, dass es ein Schwertkämpfer war. Es sah eigentlich mehr aus wie ein Elefant mit einem Rüssel, aber Elefanten sind ja auch schwer zu zeichnen. Und es war doch lieb von Maus, dass er mir extra ein Bild gemalt hatte!

»Vielen Dank, Maus!«, hab ich gesagt. »Jetzt werde ich bestimmt ganz schnell wieder gesund!«

»Logo!«, hat Maus gebrüllt, und dann ist er schon wieder rausgeflitzt und hat mit den Armen immer so Bewegungen gemacht, als ob sie ein Propeller sind. »Tscha! Tscha! Tscha! Hier kommt der Kämpfer! Tscha! Tscha! Tscha!«

»Weg da, Baby!«, hat Petja auf dem Flur gesagt und den Kopf durch meine Tür gestreckt. Petja hatte mir natürlich kein Bild gemalt. »Na, wie geht's, wie steht's? Alles klar auf der Andrea Doria? Soll ich den Krankenwagen rufen?«

»Du bist ja blöde!«, hab ich gesagt.

Petja war aber überhaupt nicht böse. »Keineswegs, keineswegs«, hat er gesagt. »Jetzt kommt hier mal der beste Arzt der Welt mit der allerbesten Geheimmedizin!« Und dann hat er mir von der Tür aus einen Schokoriegel auf die Bettdecke gepfeffert. »Das sind die allerbesten Vitamine«, hat er gesagt. »Da bist du jede Wette in fünf Minuten wieder fit!«

War das nicht nett von ihm? Petja hätte den Schokoriegel schließlich auch selbst essen können. Wenn er manchmal so nett ist, finde ich es immer gut, dass ich einen großen Bruder habe.

»Danke, Herr Doktor«, hab ich gesagt und den Riegel gleich ausgewickelt. Dann hab ich schnell reingebissen. Bevor Petja es sich noch anders überlegt.

»Gern geschehen, gern geschehen«, hat Petja gesagt. »Und nun ruft mich die Pflicht.« Er hat aber nur gemeint, dass Mama gesagt hat, er muss Hausaufgaben machen.

»Und so ansteckend ist Tara ja nun wirklich nicht, dass du mit Schokoriegeln durch die Gegend schmeißen musst«, hat Mama gesagt. Aber ich glaube, Petja hatte es gar nicht gemacht, weil er sich nicht anstecken wollte. Er hätte sich nämlich vielleicht sogar ganz gerne angesteckt, bestimmt will er doch auch mal einen Tag zu Hause bleiben. Er fand das Schmeißen einfach besser.

Dann war ich wieder allein in meinem Zimmer, und da habe ich wirklich angefangen, mich zu langweilen. Ich hab mich ja schon wieder ziemlich gesund gefühlt, und so furchtbar viel kann man im Bett nicht machen. Tieneke hat einen Fernseher in ihrem Zimmer, das hätte ich jetzt auch gerne gehabt. Da hätte ich mir ja schöne Serien angucken können und schöne Talkshows. Wenn man krank ist, braucht man einen Fernseher fast unbedingt. Aber Mama und Papa sagen, das kommt gar nicht infrage. Zu viel Fernsehen ist nicht gut für Kinder.

Ich musste mir also etwas anderes überlegen, was ich machen konnte, und mein Buch hatte ich ganz schnell zu Ende gelesen. Da ist mir Gott sei Dank das Tagebuch wieder eingefallen, das Tante Anette mir nachträglich zu Weihnachten geschickt hatte. Jetzt war eine gute Gelegenheit, da reinzuschreiben.

Leider ist das Tagebuch nicht rosa oder pink, das sind ja meine Lieblingsfarben. Sondern es ist gelb, das ist meine zweitliebste. Und es hat ein kleines Vorhängeschloss, damit niemand heimlich darin lesen kann, und sogar *zwei* so ganz winzige, winzige Schlüssel, damit man immer noch einen hat, wenn man mal einen verliert.

Ich hab mir also das Füßchentablett (als Tisch) wieder auf mein Bett gestellt, und dann musste ich doch noch mal kurz aufstehen, um mir meine Filzer und meine Gelstifte vom Schreibtisch zu holen. Aber dann konnte ich loslegen.
Auf die erste Seite habe ich

Tagebuch
von
Tara

geschrieben. *Tagebuch* habe ich in Pink geschrieben und *von* in Gelb (das konnte man aber nicht gut sehen, darum habe ich es noch mal mit Grün gemacht) und *Tara* in Hellblau. Blau ist natürlich eigentlich eine Jungsfarbe, aber ich habe so ein ganz schönes Hellblau mit Glitzer, da fand ich, es ging auch gut für ein Mädchen.
Und ich habe alle Wörter so schnörkelig geschrieben, dass sie richtig wie gedruckt ausgesehen haben, wie in einem echten Buch, und dann habe ich einen kleinen Hasen von hinten danebengemalt, weil die Seite irgendwie noch so leer ausgesehen hat (Hasen von hinten kann ich gut), und ein paar von meinen ganz besonderen Rosen, da gibt es einen Trick, wie die fast echt werden.
Und gerade als ich dachte, jetzt ist die Seite fertig und richtig schön und ich muss unbedingt Tieneke anrufen, damit sie kommt und sich das Tagebuch anguckt, ist mir plötzlich eingefallen, was ich vergessen hatte.
Bei einem Tagebuch muss man doch dazuschreiben, dass es geheim ist! Sonst lesen es nachher alle Leute. Obwohl ich es ja

abschließen kann. Aber wo jetzt die erste Seite so schön ist, will ich das vielleicht gar nicht. Dann wäre sie ja vergeudet. Dann kann sie ja keiner sehen.
GEHEIM hab ich also noch darübergeschrieben. Es hat nicht mehr so gut auf die Seite gepasst, aber ich hab es mit Rot geschrieben, da hat es sehr geleuchtet. Und dann hab ich noch drei schreckliche Blitze dahintergemalt (die sind ja nicht

schwierig), und dann hab ich überlegt, ob ich noch *Bei Strafe des Todes!* dazuschreiben sollte. Dafür war aber gar kein Platz mehr auf der Seite, und ich fand auch, dass das mehr etwas für Jungs war. So was würde Petja in sein Tagebuch schreiben, wenn er ein Tagebuch schreiben würde. Das würde er aber ja natürlich nicht. (Vincent aber vielleicht schon.) Ich fand, dass meine Blitze schon gefährlich genug ausgesehen haben.

Dann hab ich überlegt, was ich in mein Tagebuch schreiben kann.
Als Erstes schreibt man das Datum, das weiß jeder, und dann schreibt man: *Liebes Tagebuch!*, das weiß ich aus einem Buch, da tut ein Mädchen das auch.
Aber dann hab ich nicht mehr so gut weitergewusst. Ich konnte natürlich schreiben, dass ich krank war, aber für so ein schönes Tagebuch fand ich das eigentlich nicht aufregend genug. In so ein schönes Tagebuch muss man etwas ganz Besonderes und Aufregendes schreiben, finde ich. Dass man entführt worden ist, zum Beispiel (das hat das Mädchen in dem Buch geschrieben), oder dass man ein Pony geschenkt gekriegt hat. Aber leider passieren in meinem Leben nicht so viele aufregende Sachen.
Dann ist mir eingefallen, dass man ein Tagebuch ja auch für andere nützliche Sachen nehmen kann, zum Beispiel für Listen. Ich finde Listen sowieso so gut, und ich hatte ja schon lange gedacht, dass ich gerne eine Liste mit besonderen Wörtern schreiben wollte.
Von vorne ging das natürlich nicht, da stand ja schon »Tagebuch«, aber zum Glück kann man auch von hinten schreiben.
Ich hab also rückwärts noch mal angefangen und »Besondere Wörterliste« geschrieben (in Pink) und darunter als Erstes »wankelmütig«. Dann ist mir so schnell kein anderes Wort eingefallen, und ich hab das Tagebuch nach vorne zurückgedreht und gedacht, nun fällt mir vorne nichts ein und hinten nichts ein, aber vielleicht ist ja die Geschichte mit meiner Liebeskarte für ein Tagebuch aufregend genug. Und genau, als ich anfangen wollte zu schreiben, ist Papa in mein Zimmer gekommen.

Da hab ich erst gemerkt, wie spät es schon war! Zum Glück wollte Papa mir keinen Fliederbeersaft zum Schwitzen bringen. Sondern eine echte Mädchenzeitschrift.
»Bitte sehr, mein krankes Mädchen!«, hat er gesagt. »Hab ich dir mitgebracht. Wie geht es dir denn? Dafür geht es dir doch bestimmt schon wieder gut genug!«
Da habe ich mich so gefreut! In unserer Familie kaufen wir nämlich leider nicht so viele schöne Mädchenzeitschriften, dabei haben die oft so gute Gimmicks: Ringe und Haarspangen und Freundschaftsbänder.

Tieneke kriegt von ihrer Mutter jede Woche sogar drei Zeitschriften, dabei liest sie die gar nicht. Aber Mama sagt, für das Geld kann man auch schon ein richtiges Buch kaufen und das kann man hinterher in sein Regal stellen und immer wieder lesen, dann hat man was fürs Leben; und Zeitschriften schmeißt man weg, da ist das Geld zum Fenster rausgeworfen. Ich finde aber, dass man Zeitschriften genauso aufheben kann. Manche Dinge versteht Mama nicht so gut, da muss ich mich manchmal wundern.

Aber Papa hat es vielleicht besser verstanden.

»Danke, Papa, danke!«, hab ich gesagt. Einen Kuss konnte ich ihm ja nicht geben, nachher hätte ich ihn noch angesteckt. Aber ich hab gleich gesehen, dass die Zeitschrift in dieser Woche ein Tattoo als Gimmick hatte, das war ein Schmetterling, aber der war in Wirklichkeit ein Gesicht, das fand ich sehr besonders.

Dann hab ich Papa noch schnell die schöne erste Seite in meinem Tagebuch gezeigt, und er hat gesagt, die ist wirklich absolut wunderbar geworden. Darum hab ich ihm einen von den beiden Schlüsseln für das Vorhängeschloss gegeben. Vorsichtshalber. Falls ich meinen mal verliere, so was kann ja passieren. Und Väter passen ja gut auf ihre Sachen auf, dann habe ich immer noch einen Ersatzschlüssel.

Papa hat gesagt, er tut ihn zu den anderen Schlüsseln in unseren Schlüsselkasten. Und weil er so winzig ist, macht er auch noch ein Band daran, damit man ihn nicht übersieht.

Ich hab gesagt, dass ich das eine gute Idee finde. »Glaubst du, dass ich am Samstag zum Sporthallenfasching gehen kann, Papa?«, hab ich gefragt. »Bin ich dann wieder gesund?«

Und Papa hat gesagt, er ist ganz sicher, dass ich am Samstag

wieder jeden Ball und jedes rauschende Fest besuchen kann. »Bis dahin sind es ja noch ein paar Tage!«, hat er gesagt.
Da hab ich ganz zufrieden meine Zeitschrift gelesen. Und die war wirklich sehr interessant. Ich hab fast gedacht, dass ich gerne mal öfter krank bin, wenn ich dann immer so schöne Zeitschriften kriege.

13

Ich kriege das Geheimnis raus und Mama hat eine gute Faschingsidee

Am Freitag musste ich leider wieder in die Schule, weil ich da nun auch nicht mehr das winzigste bisschen erhöhte Temperatur hatte, hat Mama gesagt, und meine Stimme war auch wieder normal. Nur eine Schnupfnase hatte ich immer noch.
Und es war auch wirklich ein Glück, dass ich hingegangen bin! Weil Frau Streng mit uns nämlich alles für den Fasching in unserer Klasse besprochen hat, den wollten wir am Montag feiern. Der Montag heißt Rosenmontag, hat Frau Streng gesagt, und genau da muss man ja Fasching feiern. (Warum sie es in der Sporthalle schon am Samstag gemacht haben, weiß ich nicht. Aber je früher, desto besser, finde ich. Tieneke hat gesagt, das findet sie auch.)
Vorher haben wir in der Deutschstunde aber noch eine Geschichte geschrieben (Bilder durften wir leider nicht dazu malen), und am Ende durfte ich die Hefte einsammeln. Weil ich doch gerade erst wieder gesund war. Und kann sich irgendwer vorstellen, was da passiert ist?
Ich hab schon fast alle Hefte gehabt und ganz als allerletztes

hab ich das von Imke eingesammelt. Weil sie nämlich immer noch geschrieben hat. Darum konnte ich auch auf die Seite gucken, bevor sie ihr Heft zugeschlagen hat, und da wäre ich fast in Ohnmacht gefallen. Weil Imkes Schrift nämlich haargenau die Schrift von meiner Liebeskarte mit dem süßen rosa Drachen war!

Da ist mir fast das Herz stehen geblieben. Plötzlich hab ich begriffen, dass der süße rosa Drache in Wirklichkeit gar keine Liebeskarte war! Und nicht mal von einem Jungen! Sondern einfach nur von Imke, mit der ich schon seit tausend Jahren in dieselbe Klasse gehe! Das war eigentlich auch viel logischer, Jungs kaufen doch keine rosa Sachen. Und übrigens hätte ich da auch schon früher drauf kommen können. Ich weiß ja schon ewig, dass Imke eine ziemlich unordentliche Schrift hat.

Da hab ich die Hefte ganz schnell nach vorne zu Frau Streng gebracht und überlegt, ob ich das jetzt vielleicht Tieneke und Caro und Kiki erzählen muss. Weil die doch alle denken, dass einer in mich verliebt ist, und mir beim Ausspionieren geholfen haben, und dabei war das in Wirklichkeit nur die ganz normale Imke!

Eigentlich soll man ja immer ehrlich sein und einen Irrtum aufklären. Ich hab es aber irgendwie nicht so gerne gewollt. Es war viel zu peinlich. Ich hab gedacht, ich kann es ja später immer noch machen.

In der nächsten Stunde haben wir dann festgelegt, wer zu unserem Klassenfasching Esssachen mitbringt und Servietten und Girlanden und all die Dinge, die man für einen Klassenfasching braucht, da konnte ich das mit der Liebeskarte zum Glück schnell wieder vergessen. Zum Klassenfasching sollte

sich auch jeder ein Spiel überlegen, das wir dann alle zusammen spielen konnten. »Gute Laune bringt ihr sowieso alle mit!«, hat Frau Streng gesagt. Das war ja klar.
Ich hab gewartet, dass sie sagt, wir machen dann noch irgendwas, um bei unserem Fasching Geld für die Kinder in Afrika zu sammeln, weil wir das sonst immer machen. Damit die sich Hefte kaufen können und Stifte. Aber das hat sie diesmal nicht gesagt. Da hat es mir fast gefehlt.
In der Pause haben wir über die Kostüme gesprochen.
»Die Jungs ausspionieren müssen wir nämlich sowieso nicht mehr«, hat Kiki gesagt. »Dein Verliebter ist auch keiner aus der Zweiten, das habe ich mit Tieneke und Caro gestern ausgetestet.«
»Ach so«, hab ich gesagt und gehofft, dass keiner merkt, wie ich rot werde. Aber Tieneke hat mich trotzdem ganz komisch angeguckt.
Dann hat Caro gesagt, sie passt noch gut in ihr Vampirkostüm vom letzten Jahr, und Kiki hat gesagt, sie geht als Ballerina, weil sie doch sowieso Ballett macht. Da hat sie alles, was sie braucht, und es sieht auch gut aus. Und Tieneke hatte ja ihr schönes neues Prinzessinnenkleid aus dem Internet.
Nur ich wusste nicht, was ich anziehen sollte! Zum Rummelpottlaufen an Silvester hatte ich einfach ein altes Sommerkleid von Mama genommen und Stöckelschuhe, aber ich hab gedacht, dass das zum echten Fasching nicht geht. Tieneke hat gesagt, ich soll mir keine Sorgen machen, bis Montag ist es schließlich noch lange hin, bis dahin fällt mir bestimmt noch was ein.
Das hat natürlich gestimmt, aber bis Samstag war es leider

überhaupt nicht mehr lange hin und da war ja schon der Fasching in der Sporthalle. Dafür hab ich schließlich auch ein gutes Kostüm gebraucht! Da war ich schon richtig verzweifelt. Es geht doch wohl nicht, dass bei uns so was Tolles wie Sporthallenfasching ist, und dann hab ich kein gutes Kostüm!

Beim Mittagessen hab ich das zu Mama gesagt. »Wir können doch schnell noch mal losgehen und eins kaufen«, hab ich vorgeschlagen.

Aber Mama hat gesagt, ich bin wohl verrückt. »Das machen wir mal irgendwann, wenn das Geld auf den Bäumen wächst«, hat sie gesagt. Da hab ich gewusst, das machen wir nie. Oder in tausend Jahren. Vorher wächst das Geld bei uns im Möwenweg bestimmt nicht auf den Bäumen.

Am Nachmittag hab ich mit Fritzi und Jul in Fritzis Zimmer Schminken gespielt (Tieneke war mit ihrer Mutter beim Zahnarzt), und da hat Jul gesagt, sie kommt am Samstag nicht mit in die Sporthalle. Fasching ist für Babys, das ist ihr viel zu kindisch. In ihrer Klasse haben sie ein Meinungsbild erstellt (das bedeutet, dass sie abgestimmt haben, und alle haben sich gemeldet), und da wollte fast überhaupt keiner mehr Klassenfasching feiern. Sie machen stattdessen eine Disco, hat Jul gesagt.

War das nicht blöde? Wer will denn schon eine Disco machen, wenn er Fasching feiern könnte? Beim Fasching kann man schließlich auch tanzen, wenn man das unbedingt will, und verkleiden muss man sich auch, da hat man beides. Da will ich gar nicht älter werden, wenn man dann so gute Sachen nicht mehr machen will. Und außerdem kann Fasching ja wohl nicht kindisch sein, weil die Erwachsenen das schließlich auch immer

feiern. Wenn wir mit unserem Kinderfasching in der Sporthalle fertig sind, fangen die Erwachsenen mit ihrem Erwachsenenfasching an, und der ist sehr beliebt, sagt Tienekes Mutter. Das weiß sie, weil sie vor vier Wochen Eintrittskarten kaufen wollte, und da war alles längst ausverkauft.
Ich hab es aber nicht zu Jul gesagt. Weil ich nämlich plötzlich so eine gute Idee hatte! »Und dein Kostüm, Jul?«, hab ich gefragt. »Vom letzten Jahr? Hängt das jetzt nur so ganz unnütz im Schrank und keiner zieht es an?«
Aber Jul hat gesagt, nee, nee, da soll ich mir mal keine Sorgen machen, das hat Fritzi längst geerbt.
»Prinzessin!«, hat Fritzi gesagt. »Mit echtem Samt!«
Da war es ja doch nichts gewesen mit meiner guten Idee, und ich bin ganz schlechter Laune zum Abendessen nach Hause gegangen.
In unserer Küche stand Maus in meinem alten Tigerkostüm, das war ihm noch viel zu groß. Dabei durfte er in diesem Jahr noch gar nicht mit zum Kinderfasching in der Sporthalle, der ist erst ab sechs, weil man doch alleine gehen muss. Aber sie haben natürlich Fasching im Kindergarten gefeiert.
»Prima, Maus!«, hat Mama gesagt. »Da näh ich die Arme und Beine noch kürzer, und dann passt es, wie für dich gemacht. Und im nächsten Jahr lassen wir die wieder aus, dann passt es auch noch mal.«
Ich hab meinen Schminkkoffer auf den Küchentisch gelegt und Mama ganz böse angeguckt. »Und ich?«, hab ich sie gefragt. »Und ich?«
Da hat Mama gesagt, nun mal ganz mit der Ruhe, für mich hat sie auch eine tolle Idee.

»Du gehst als Gestiefelter Kater!«, hat Mama gesagt. »Wie findest du das?«
Ich hab aber nicht gewusst, wie das gehen soll. »Ich hab doch gar kein Katzenkostüm!«, hab ich gesagt.
Da ist Mama in den Windfang gegangen und dann ist sie mit meinen roten Gummistiefeln zurückgekommen. Die hatte sie blitzblank geschrubbt, da hab ich sie fast nicht mehr erkannt.
»Ein Kostüm hast du nicht?«, hat sie gefragt. »Dann pass mal auf!«
Dann hat Mama gesagt, sie hat auch ein bisschen im Internet gestöbert (wie Tienekes Mutter), und da gibt es ganz tolle Schminktipps für Kinder. Auf die Idee ist sie gekommen, weil ich doch zu Fritzi und Jul meinen Schminkkoffer mitgenommen hatte.
»Da ziehst du einfach eine schwarze Strumpfhose an und mein schwarzes Langarmshirt«, hat Mama gesagt. »Und deine roten

Stiefel. Und dein Gesicht schminke ich dir so toll, dass dich kein Mensch mehr erkennt!«

»Ich auch nicht, Mama?«, hat Maus gefragt. »Erkenn ich Tara auch nicht mehr? Ich aber doch!«

»Klar, du doch!«, hat Mama gesagt. »Jetzt wollen wir aus unserer Tara mal gleich eine Katze machen, was, Maus?«

Ich bin immer noch ein bisschen maulig gewesen, weil ich gedacht habe, eine schwarze Strumpfhose und Mamas Langarmshirt und ganz normale Gummistiefel sind doch kein Kostüm. Aber Mama hatte aus unserer Verkleidungskiste im Keller wenigstens auch noch die schwarze Ohrenkappe geholt, damit war es ja vielleicht schon ein bisschen katzenmäßiger. (Unsere Verkleidungskiste ist ein alter Bettbezug, da sammeln wir alle guten Verkleidungssachen. Wir *nennen* sie nur Verkleidungs*kiste*.)

Dann hat Mama losgelegt mit dem Schminken, und zwischendurch hat sie gestöhnt und mit einem Waschlappen in meinem Gesicht rumgewischt, und dann hat sie plötzlich ganz zufrieden genickt. »Fertig!«, hat Mama gerufen. »Jetzt kann der Gestiefelte Kater sich gerne mal im Spiegel begucken.«

Da bin ich ins Gästeklo geflitzt, und du meine Güte, hatte Mama es toll hingekriegt! Ich hatte gar nicht gewusst, dass ich eine Mutter habe, die so was kann. Ich hab mich selbst überhaupt nicht mehr erkannt. Mein Gesicht war ganz weiß geschminkt mit Schwarz so am Rand, und das hat auch gut gepasst, weil ich doch dunkle Haare habe. Und meine Nasenspitze war ein dicker schwarzer Punkt wie die Nase von einer Katze, und drum herum waren ganz viel Schnurrhaare gemalt. Zum Glück hat es nicht nur ausgesehen wie *irgend*eine Katze, sondern sogar

wie eine *niedliche* Katze. Da hab ich gedacht, dass ich so vielleicht doch zum Fasching gehen kann.
»Und der Hut, Tara?«, hat Maus da gesagt. »Der Gestiefelte Kater hat doch aber einen Hut, du! Mit Feder!«
Da hab ich einen Schrecken gekriegt, weil ich plötzlich gewusst habe, dass mein Kostüm nun leider doch nicht so gut war. Vielleicht hab ich einfach nur ausgesehen wie eine Katze mit Gummistiefeln an. So was ist ja Quatsch.
»Ja, genau, der Hut, Mama!«, hab ich gesagt. »Wo ist mein Hut?«
Mama hat gesagt, einen Hut hat in unserer Familie leider keiner. »Vielleicht leiht Petja dir ja sein Cap?«, hat sie gefragt.
Aber da bin ich wirklich böse geworden. »Ein Cap ist doch kein Hut!«, hab ich gerufen, und Maus hat gesagt: »Ein Cap ist doch kein Hut, Mama, haha! Das hat der ja gar nicht auf!«

»Da lachen mich doch alle aus!«, hab ich gesagt, und Mama hat nachdenklich ausgesehen und gesagt, Opa Friedrichstadt hatte früher immer einen Hut, aber erstens ist der tot und zweitens ist Friedrichstadt weit weg. Da hilft uns das nun auch nicht.
Aber mir hat es doch geholfen. »Opa Kleefeld!«, hab ich gerufen. »Der ist doch auch ein Opa! Bestimmt hat der einen Hut!«
Dann bin ich zur Tür geflitzt, und Mama hat gerufen: »Tara, zieh dir was über! Tara, du erkältest dich doch so!«
Aber ich hatte ja die Gummistiefel an und die Katzenkappe auf dem Kopf, da hab ich es nicht so wichtig gefunden.
Opa Kleefeld hat auch gleich die Tür aufgemacht. Ich hatte nämlich Sturm geklingelt, wie man das eigentlich nicht soll, weil es unhöflich ist. Aber wenn man sich sonst erkältet, darf man es vielleicht doch.
»Nanu, nanu?«, hat Opa Kleefeld gesagt und sich am Kopf gekratzt. »Wer besucht uns denn da? Ursel, komm mal ganz schnell, hier steht eine Katze vor der Tür!«
Aber bestimmt hat er gewusst, dass ich die Katze bin. Auch mit Schminke.
Vorsichtshalber hab ich es ihm doch lieber gesagt. »Ich bin das doch nur, Opa Kleefeld!«, hab ich gesagt. »Tara! Und ich bin überhaupt gar keine Katze, ich bin der Gestiefelte Kater! Hast du einen Hut?«
Da ist Oma Kleefeld aus dem Wohnzimmer gekommen mit einem Buch in der Hand. »Natürlich haben wir einen Hut für dich, Tara!«, hat sie gesagt. »Du hast die freie Auswahl.«
Dann hat sie mir sogar drei Hüte gezeigt, die waren alle richtig schön altmodisch, wie ein Gestiefelter Kater sie aufhat: einen

grauen mit einem grauen Band drum rum und einen braunschwarzen mit so ganz kleinen Karos und einem braunen Band; aber am schönsten war ein grüner Jägerhut, der hatte sogar eine Feder, und den hab ich genommen.

»Ja, das ist eine gute Wahl, Tara!«, hat Oma Kleefeld gesagt. »Damit hast du auch immer sehr stattlich ausgesehen, Wilhelm.«

Das konnte ich mir gut vorstellen. Aber jetzt hab ich stattlich ausgesehen.
Erst als ich abends im Bett gelegen habe, ist mir wieder meine geheime Valentinskarte eingefallen, und plötzlich hab ich gewusst, dass ich nun doch noch etwas Wichtiges in mein Tagebuch schreiben kann.
Darum bin ich ganz, ganz leise noch mal aufgestanden.
»Ich habe ein sehr schönes Katzenkostüm für den Fasching«, habe ich geschrieben. »Mit Schminken. Und meine geheime Valentinskarte war nun doch nicht von einem V. Das ist peinlich. Sondern sie war nur von I. Aber ein Glück, dass sie nicht von A ist oder von A.«
Ich habe es abgekürzt, weil man ja nie wissen kann, wer das Tagebuch vielleicht mal heimlich liest. Vielleicht Petja. Wenn da nur V und I steht, weiß er aber nicht, was gemeint ist. Besser ist besser. (Und A heißt übrigens Adrian. Und das andere A heißt André.)

14

Ich gewinne einen Preis und verrate Tieneke mein Geheimnis

Als Tieneke und Fritzi mich am nächsten Nachmittag abgeholt haben, war ich schon ganz aufgeregt.
»Du siehst aber toll aus, Tara!«, hat Fritzi gesagt.
Das hab ich jetzt eigentlich auch gefunden. Bei Mamas Langarmshirt hat der Halsausschnitt ein bisschen über meine Schulter geschlabbert, weil es mir ja natürlich zu groß war, aber ich hatte noch ein schwarzes T-Shirt von mir druntergezogen, und Mama hat den Ausschnitt mit einer Brosche festgesteckt.
Tienekes Kleid konnte man unter der Jacke nur ein bisschen erkennen, aber ich habe gleich gesehen, dass es das schönste Prinzessinnenkostüm war, das ich jemals gesehen hatte.
Als wir in der Sporthalle angekommen sind, war schon ein ziemliches Gewühle. Schließlich wollten ja fast alle Kinder aus unserem Ort zum Fasching gehen. Hinter der Tür waren Schultische aufgestellt, und da saßen Jungs und Mädchen von der Jugendfeuerwehr in ihrer Ausgehuniform als Kontrolleure. Man musste seine Eintrittskarte vorzeigen und dann hat man eine Nummer gekriegt, die musste man sich auf den Rücken

kleben. Die war für den Kostümwettbewerb, hat die Frau am Eingang gesagt. Ich hatte die Nummer 229 und Tieneke hatte 228 (sie hatte in der Schlange vor mir gestanden).
Einen Gutschein mit Abreißcoupons wie bei unserem Sommerfest hat man auch gekriegt. Da konnte man sich eine Limo holen und ein Würstchen und vier Spiele konnte man auch machen.
Ich hab mich bei Petja angestellt, der ist ja bei der Jugendfeuerwehr, aber zwei Gutscheine wollte er mir trotzdem nicht geben. »Bist du blöde?«, hat er gesagt. »Ich hab hier schließlich die Verantwortung!«
Eigentlich fand ich es auch ganz schön, dass mein Bruder nicht geschummelt hat. Und zwei Würstchen schaffe ich sowieso nie so gut.
Tieneke und Fritzi und ich haben unsere Jacken in der Mädchenumkleide aufgehängt und dann sind wir in die Sporthalle gegangen. Und da konnte man sie fast überhaupt gar nicht mehr wiedererkennen! Tieneke hat gesagt, das ist ja auch ganz richtig so. Es geht ja nicht, dass sich nur die Kinder verkleiden. Die Sporthalle muss sich auch verkleiden.
Und das hatte sie auch wirklich getan. (In Wirklichkeit hatten das natürlich die Männer und Frauen von der Feuerwehr gemacht und die Jungs und Mädchen von der Jugendfeuerwehr.) Unter der Decke waren so Netze gespannt, und darin waren Blumen und Girlanden und Plastikseesterne und eine Schaufensterpuppe mit nur einem Arm und alte Töpfe und Pfannen aufgehängt. Das hat ja alles nicht so richtig zusammengepasst, aber der Erwachsenenfasching hieß in diesem Jahr »Auf hoher See«, und Tieneke hat gesagt, bestimmt fangen die Fischer auf

hoher See in ihren Netzen auch allen möglichen Kram. Nicht nur Fische. Da hat es wieder gestimmt.
Die Sprossenwände waren auch alle mit Netzen zugehängt und daran waren lauter Fische festgemacht, und aus den Lautsprechern ist lustige Partymusik gekommen. Die konnte man bei dem Lärm vielleicht nicht ganz so gut hören, weil doch so viele Kinder rumgetobt sind. Die meisten waren Prinzessinnen und Cowboys und Vampire und Pippi Langstrumpfs und Batmans, und von den Kleinen waren auch ein paar als Marini verkleidet. Katzen gab es nicht so viele.
»Ich hab 'ne Zwiebel auf dem Kopf, ich bin ein Döner!«, hat ein Mann aus dem Lautsprecher gesungen. »Denn Döner – macht schöner!« War das nicht ein komisches Lied? Da haben wir gleich mitgesungen. Kiki (die war ja eine Ballerina) und Caro (die war ein Vampir) waren inzwischen nämlich auch angekommen und überhaupt ganz viele Kinder aus meiner Klasse. Und Fritzi ist zu denen aus ihrer Klasse verschwunden.
Auf einmal hat die Musik aus dem Lautsprecher aufgehört. »Hallo, liebe Kinder!«, hat eine Stimme gesagt. Es hat ein bisschen geknackt, und wir haben geguckt, wer das Mikrofon in der Hand hatte. Das war natürlich der Feuerwehrhauptmann.
»Ihr seid ja alle so toll verkleidet! Und wie ihr wisst, wollen wir wie in jedem Jahr auch dieses Mal einen Preis für die schönsten Kostüme verleihen. Aber während unsere Preisrichter durch den Saal gehen und sich umsehen, wollen wir erst mal ein paar Spiele zusammen spielen! Wollt ihr das?«
Da haben alle ganz laut »Jaaaa!« geschrien, und ich hab gedacht, dass Tieneke mit ihrem tollen Prinzessinnenkleid bestimmt den ersten Preis kriegt und dass ich mich dann freue,

weil sie ja schließlich meine beste Freundin ist. Ich hab überhaupt kein Kostüm gesehen, das schöner war als Tienekes. Es hatte so viele Glitzersteine und Spitzen und Rüschen und pinkes Glitzerband überall.
Dann hat der Mann mit uns lauter Tanzspiele gespielt, die kannte ich aber alle schon. Nur »Ausschütteln« kannte ich noch nicht, aber es war so ähnlich wie Stopptanzen. Aus dem Lautsprecher ist wieder Partymusik gekommen (leider nicht mehr das Lied von der Zwiebel auf dem Kopf), und dazu mussten alle Kinder in der gleichen Richtung um die Sporthalle hüpfen. Es gab ein ziemliches Gedränge, aber das ist ja gerade der Spaß dabei, sagt Tieneke. Dann hat der Mann plötzlich »Linke Hand!« durch sein Mikrofon gerufen, da mussten wir beim Hüpfen alle die linke Hand ausschütteln, und wenn er »Rechte Hand« gerufen hat, mussten wir natürlich die rechte Hand ausschütteln. Deshalb heißt das Spiel ja »Ausschütteln«. Ein bisschen schwierig ist es gewesen, als er »Rechtes Bein!« gerufen hat, da wäre ich fast hingeplumpst, weil man beim Hüpfen nämlich nicht so gut gleichzeitig ein Bein ausschütteln kann. Und bei »Ganzer Körper!« gab es ein fürchterliches Durcheinander und wir sind alle gegeneinandergestolpert. Man kann ja nicht alles gleichzeitig ausschütteln und dabei auch noch hüpfen! Aber dann hat der Feuerwehrhauptmann ganz schnell »Beide Ohren!« gerufen, da ist es wieder ruhiger geworden. Weil man seine Ohren doch gar nicht ausschütteln kann! Manche Kinder haben einfach den ganzen Kopf geschüttelt, das hab ich aber falsch gefunden.
Hinterher war eine Pause, damit man sich im Gang Würstchen und Limo holen konnte, und man konnte auch die Coupon-

spiele spielen. Da gab es aber ein fürchterliches Gedränge. Nur vier Spiele sind ja für so viele Kinder ziemlich wenig, da stehen immer ganz viele in einer Schlange, und manche versuchen auch, sich vorzudrängeln. Tieneke und ich haben aber aufgepasst.
Es waren die gleichen Spiele wie beim Sommerfest, Schokokuss-Wurfmaschine und Ein-brennendes-Haus-löschen. Aber natürlich nicht in echt. Die Flammen waren nur so auf das Holz gemalt, und wenn man sie mit einem Tennisball gut getroffen hat, sind sie nach hinten weggekippt. (Beim Sommerfest durften wir mit einem echten Feuerwehrschlauch dagegenspritzen. Aber das ging in der Sporthalle ja nicht, da hätte es doch gleich eine Überschwemmung gegeben.)
Beim Sommerfest hatte ich mit Wasser zehn Flammen umgespritzt (da war ich Oberbrandmeister geworden) und jetzt mit den Tennisbällen leider nur sieben. Da bin ich nur Brandmeister geworden.
Nach einer halben Stunde (ungefähr; ich hab nicht auf die Uhr geguckt) sind die Spiele geschlossen worden und die Musik hat wieder losgelegt, aber jetzt haben wir einfach nur noch so getanzt. Wir waren auch schon ein bisschen erschöpft. Kiki hat gesagt, sie weiß gar nicht, wie die Erwachsenen beim Erwachsenenfasching das den ganzen Abend durchhalten wollen, wo die doch schon immer gleich nicht mehr können, wenn sie nur mal ein bisschen Ticken spielen sollen.
Und bevor ich noch sagen konnte, dass Papa beim Tickenspielen aber immer ganz gut durchhält, hat es im Lautsprecher wieder geknackt.
»Liebe Kinder!«, hat der Feuerwehrhauptmann gerufen.

»Unsere Preisrichter haben entschieden! Kommt alle mal ein bisschen nach vorne, damit wir jetzt die Preise verleihen können!«
Da ist Tieneke ganz aufgeregt gewesen und ich auch. Weil sie doch schließlich meine beste Freundin ist, da freut man sich ja mit, wenn die einen Preis gewinnt.
»Als Erstes: das schönste Jungskostüm!«, hat der Feuerwehrhauptmann gerufen. »Bitte mal nach vorne kommen: die Nummer 131!«
Nummer 131 war ein Junge, den kannte ich aus der Schule. Er ist in der Ersten. Und er hatte ein Batmankostüm an, das so echt aussah wie bei einem Batman im Film, und sein Gesicht war auch so toll geschminkt.
»Applaus für das beste Jungskostüm!«, hat der Feuerwehrhauptmann gerufen. Dann hat er dem Jungen ein Badminton-Set geschenkt. Er hat gesagt, bei der Feuerwehr tun sie alles für die körperliche Fitness der Jugend, denn in der Jugendfeuerwehr können sie nur Kinder gebrauchen, die richtig fit sind. Und bestimmt kommt der Batman-Junge ja mal zur Jugendfeuerwehr, wenn er alt genug ist. Da hat der Junge genickt, aber nur ein bisschen. In der Ersten ist man ja noch schüchtern.
Wir haben alle geklatscht, aber ich war innen drin schon ganz kribbelig. Weil ja gleich Tieneke drankommen musste! Ich hab die Daumen so fest gedrückt, dass sie schon wehgetan haben.
»Und nun: das beste Mädchenkostüm!«, hat der Feuerwehrhauptmann gerufen. Da ist Tieneke schon einen Schritt vorgegangen und ihr Gesicht war auch ganz rot. »Die Nummer 96!«
Ich hab auf Tienekes Rücken geguckt, und da stand überhaupt

gar nicht 96, da stand 228. Aber Tieneke ist trotzdem weitergegangen. Vielleicht hatte sie nicht richtig aufgepasst. »Tieneke!«, hab ich gezischt. »96!«
Da hat Tieneke mich ganz erschrocken angeguckt. Vorne hat jetzt nämlich eine aus der Vierten gestanden, die war ein Mädchenvampir. Sie hatte ein sehr schönes Kleid an, fast wie ein Prinzessinnenkleid, aber das war überall ein bisschen zerrissen, und ihr Gesicht war wie ein Vampir geschminkt, und sie hat sich gerade noch schnell ihr Vampirgebiss in den Mund gesteckt. (Das nimmt man beim Tanzen ja immer raus. Es stört.) Und auf ihrem Rücken hatte sie die Nummer 96, das hat also gestimmt.
»Ungerecht!«, hab ich geflüstert und Caro und Kiki haben genickt.
»Die ist überhaupt nicht so schön wie du«, hab ich geflüstert, und dann haben wir Tieneke alle getröstet. Darum konnten wir auch gar nicht mehr richtig aufpassen, wie der Feuerwehrhauptmann dem Mädchenvampir auch ein Badminton-Set gegeben und gesagt hat, Vampire sind bei der Jugendfeuerwehr auch immer gerne gesehen.
Aber dann hat Kiki mich plötzlich ganz aufgeregt in die Seite geboxt. »229!«, hat sie gerufen. »Tara! Das bist du doch!«
Da hab ich erst wieder nach vorne geguckt, und da hat der Feuerwehrhauptmann tatsächlich gerade gesagt, dass sie auch in diesem Jahr als Drittes wieder ein Kostüm unter dem Motto »Mit viel Pfiff und wenig Mitteln« prämieren wollten und wo die Nummer 229 denn bleibt.
Ich bin mit ganz wackeligen Knien nach vorne gegangen, und dabei war ich ziemlich froh, dass ich so dick Schminke auf dem

Gesicht hatte. Weil ich richtig merken konnte, wie doll ich rot geworden bin! Ein bisschen ist es ja auch immer peinlich, wenn man einen Preis kriegt.

Der Feuerwehrhauptmann hat gesagt, dass ich ein tolles Beispiel dafür bin, dass man nicht immer viel Geld ausgeben muss, um ein super Kostüm hinzukriegen. Man muss nur Ideen haben und sich Mühe geben. (Die Ideen hatte Mama aber eigentlich aus dem Internet.) Und dass ich darum eine würdige Preisträgerin bin und bestimmt will ich ja auch bald zur Jugendfeuerwehr. Ich hab gesagt, dass mein Bruder da schon ist, und der Hauptmann hat »Na bitte!« gesagt. Dann hat er mir auch ein Badminton-Set geschenkt. Das haben wir in unserer Familie aber schon. Als ich nach Hause gekommen bin, hat Mama trotzdem gesagt, doppelt hält besser.

Als ich zu Tieneke und Caro und Kiki zurückgegangen bin, hat Petja mir im Vorbeigehen gegen den Arm geboxt. »Gut gemacht, Katze!«, hat er gesagt. Das fand ich nett.
Ich hab ein bisschen Angst gehabt, dass Tieneke nun vielleicht böse auf mich ist, weil sie doch eigentlich viel eher einen Preis verdient hätte, und nun hab ich einen gekriegt.
Das ist sie aber nicht gewesen. Sie hat gesagt, ich hab meinen Preis ja dafür gekriegt, dass mein Kostüm so billig war. Und ihr Kostüm hat sehr viel gekostet, da konnte sie den Preis ja überhaupt gar nicht kriegen. Also ist sie mir nicht böse.
War das nicht gut von Tieneke? Daran kann man wirklich merken, dass sie eine echte beste Freundin ist.
Darum hab ich plötzlich gedacht, dass ich ihr vielleicht doch erzähle, dass meine Liebeskarte in Wirklichkeit gar keine war. Sondern nur von Imke. Und das hab ich dann auch getan. Aber erst, als der Feuerwehrhauptmann gesagt hat, dass wir die Sporthalle nun räumen müssen, weil für die Erwachsenen am Abend nämlich noch Tische und Stühle aufgebaut werden sollen.
Da hab ich Tieneke zugeflüstert, dass wir vorhin recht gehabt hatten und dass die Erwachsenen wirklich nicht so lange durchhalten, wenn die sich zwischendurch immer hinsetzen müssen. Und dass ich ihr auch noch ein Geheimnis verraten will, das sie niemals, niemals niemandem weitersagen darf bei Strafe des Todes. »Schwöre!«, hab ich gesagt.
»Ich schwöre!«, hat Tieneke gesagt und drei Schwurfinger hochgehalten ohne Ableitung.
Da hab ich ihr erzählt, dass meine Valentinskarte in Wirklichkeit von Imke war.

»Was?«, hat Tieneke gerufen. »Von Imke? Und die ist in dich verliebt?!«
»Oh, nee!«, hab ich gesagt. »Wir haben doch nur *gedacht*, dass das eine Liebeskarte ist! Weil wir *gedacht* haben, dass sie von einem Jungen ist! Weil die Schrift so unordentlich ist!«
»Ach ja!«, hat Tieneke gesagt und sich die Hand an die Stirn geschlagen. »Das war ja blöde von uns! Dann hast du also doch gar keinen Verliebten.« Vielleicht hat es ein kleines bisschen zufrieden geklungen. Aber dann hat sie mir auf die Schulter getippt.
»Aber weißt du was, Tara?«, hat sie gesagt. »Dann kannst du jetzt ja doch Vincent heiraten. Und wir bleiben später alle zusammen im Möwenweg wohnen. Ich hab schon richtig Angst gehabt, dass das nicht klappt, wenn du nachher deinen Verliebten besser findest!«
»Nee, das mit Vincent geht klar«, hab ich gesagt.
Und plötzlich hab ich gewusst, dass es eigentlich ein Glück war, dass die süße Karte nicht von einem Jungen kam, und ich war froh, dass ich es Tieneke erzählt habe. Sonst hätte ich das vielleicht gar nicht gemerkt! Es ist wirklich nützlich, wenn man so eine gute beste Freundin hat.

15

Wir machen Schulfasching

Am Montag war dann der Fasching in der Schule, da bin ich wieder als Gestiefelter Kater gegangen, aber dieses Mal hab ich leider keinen Preis gewonnen. Frau Streng hat gesagt, sie findet es dumm, wenn man überall immerzu guckt, wer das Schönste und Beste hat. Die Mutter von dem einen Kind hat eben viel Zeit und kann ein tolles Kostüm nähen und eine andere Mutter kann das nicht.
»Dann kann sie es ja im Internet kaufen!«, hat Tieneke gesagt.
Aber Frau Streng hat den Kopf geschüttelt und gesagt, dafür hat auch nicht jeder das Geld. Und es ist ja auch gar nicht nötig. Wenn sie sich so umguckt, sieht sie nämlich sowieso nur lauter tolle Kostüme. Da wüsste sie gar nicht, welchem sie den Preis geben sollte. In unserer Klasse haben wir eigentlich alle einen Preis verdient. (Das hat aber nicht gestimmt, weil Tienekes Prinzessinnenkleid in Wirklichkeit doch am schönsten war, finde ich. Aber mein Gestiefelter Kater war auch schön. Und Caros Vampir und Kikis Ballerina. Und ganz viele eigentlich.)
Auf der Fensterbank hatten wir Servietten wie kleine Tisch-

tücher ausgebreitet und darauf stand unser Buffet, das war ziemlich viel. Weil doch alle Kinder etwas zu essen mitgebracht hatten! (Ich hatte wieder Mamas beliebte Grünkernfrikadellen; aber diesmal nicht aus Grünkern. Für die Schule macht sie die lieber aus Fleisch, hat Mama gesagt, mit Kindern und Grünkern ist das so eine Sache.)

Es gab Hefeschnecken (selbst gemacht) und Schokoküsse (gekauft) und bunten Nudelsalat und Würstchen und Marmorkuchen mit Schokoguss, und Tieneke hatte sogar eine Torte aus dem Tiefkühlregal im Supermarkt mit Benjamin Blümchen aus Plastik obendrauf mitgebracht. Sie hat gesagt, die Torte ist für alle, aber der Benjamin Blümchen gehört ihr.

Dann haben wir die Spiele gespielt, die sich alle Kinder vorher überlegt hatten. Am schönsten fand ich aber ein Spiel, das hatte sich Frau Streng ausgedacht, und das heißt »Löffelchen«. Das erkläre ich jetzt mal. Falls jemand es auch mal spielen will.

Ich war nämlich gleich beim ersten Mal dran. Da waren wir fünf Kinder, die mussten sich am Ende vom Klassenflur aufstellen. Auf der anderen Seite vom Flur hat Frau Streng vier Teelöffel auf den Boden gelegt, das war ja genau einer zu wenig. Dann hat sie uns eine Geschichte erzählt, und wenn das Wort »Löffelchen« darin vorgekommen ist, mussten wir losrennen und uns einen Löffel schnappen. Wer zu langsam war und keinen erwischt hat, ist ausgeschieden. Und wer an einer falschen Stelle losgeflitzt ist oder zu früh, ist auch ausgeschieden.

Die Geschichte hat Frau Streng sich selbst ausgedacht. Eine echte Geschichte, in der so viele Löffelchen vorkommen, gibt es ja bestimmt nicht.

»Es war einmal ein König«, hat Frau Streng mit so einer richtigen Märchenerzählerstimme gesagt. »Der hatte drei wunderschöne …« Da haben wir alle gedacht, jetzt sagt sie »Töchter«. Aber sie hat »Löffelchen!« gesagt, und da sind wir alle fünf losgeflitzt wie nichts. Janine ist als Erste ausgeschieden. Sie war ziemlich böse und hat gesagt, drei wunderschöne Löffelchen hat ja wohl kein König und es ist eine blöde Geschichte. Sie hat das Spiel vielleicht nicht richtig verstanden.

Frau Streng hat auch schon weitererzählt. »Aber drei wunderschöne Töchter hatte der König auch noch«, hat sie gesagt. »Und als sie in das Alter kamen, da sie freien sollten, gab der Vater jeder Tochter ihr eigenes …«, da haben alle gedacht, jetzt sagt Frau Streng »Löffelchen«, und Arne ist sogar schon losgeflitzt. Da war er aber leider ausgeschieden, weil Frau Streng nämlich »Spitzentaschentuch!« gesagt hat. War das nicht verrückt? (»Freien« ist übrigens auch so ein besonderes Wort. Ich habe es hinterher auf meine Liste geschrieben.)

Frau Streng hat uns immer wieder ausgetrickst und manchmal konnte ich es vor lauter Spannung gar nicht aushalten. Ich bin aber trotzdem kein einziges Mal zu früh losgeflitzt und darum bin ich auch erst als Vorletzte ausgeschieden.

Caro war die Endsiegerin, sie hat aber nichts dafür gekriegt. Frau Streng hat gesagt, die Freude am Spiel und der Sieg sind Belohnung genug. Das finde ich eigentlich auch.

Wir haben dann noch die ganz normalen Spiele gespielt, die

man zum Fasching immer spielt, und alle wollten auch Ausschütteln spielen. Weil wir das jetzt vom Sporthallenfasching kannten.
Als wir hinterher nach Hause gegangen sind, waren Mamas Frikadellen alle aufgegessen. Da hab ich mich gefreut. Es hat ja bedeutet, dass die anderen Kinder meine mitgebrachten Buffetsachen gerne mochten.

16

Wir backen Verdreihte Görn

Mama hat schon gewartet, und sie hat gesagt, das wird ja nun in diesem Jahr ein richtiger Faschings-Rosenmontag. Vorhin war nämlich schon Oma Kleefeld da, die will um 15.00 Uhr mit uns Verdreihte Görn backen, weil man das zum Fasching machen muss. Und wir dürfen auch gerne in unseren Faschingskostümen kommen.

»Ich auch, Mama?«, hat Maus gefragt. Er hatte vom Kindergartenfasching sowieso noch sein Tigerkostüm an, da waren die Beine jetzt, wo Mama sie umgenäht hatte, ein kleines bisschen zu kurz. Darunter konnte man seine rote Strumpfhose sehen. »Darf ich auch mit? Darf ich auch verdreihte Dingsbums backen?«

»Verdreihte Görn!«, hab ich gesagt und ein bisschen die Augen gerollt. Dann hab ich Tieneke angerufen und Fritzi und Jul, und sogar Jul wollte gerne mit zum Backen kommen. Faschingsgebäck ist kein Babykram, hat sie gesagt. Sie wollte aber kein Kostüm anziehen.

Petja hatte nachmittags Jugendfeuerwehr, da konnte er nicht mitkommen. Er hat aber gesagt, er stellt sich hinterher als Res-

tauranttester zur Verfügung. Die Mädels backen das Gebäck, und er isst es dann und sagt, ob wir es gut gemacht haben.
»Nee, nee, nee!«, hab ich gesagt. »So geht das ja nun nicht!«
Laurin musste noch für die Schule üben (da ist er leider nicht so gut wie Vincent), darum wollte Vincent auch nicht mitkommen.
»Nicht, wenn ich der einzige Junge bin«, hat er gesagt.
»Ich bin da doch auch, Vincent, ich bin doch auch ein Junge!«, hat Maus gerufen. »Ich bin in echt gar kein Tiger! Ich bin doch Maus! Erkennst du mich nicht?«
Aber Vincent hat gesagt, nee, vielen Dank, das ist ihm zu unsicher. Nachher beißt Maus ihn womöglich noch. Und nur mit lauter Weibern und einem Tiger in roten Strumpfhosen backt er kein Schmalzgebäck.
Da waren wir nur fünf Kinder, als wir zu Oma Kleefeld gegangen sind, aber das ist zum Backen ja auch schon viel. Weil doch jeder immer mithelfen will und es muss gerecht sein. Und so viele Sachen kann man beim Backen gar nicht machen, dass es für noch mehr Kinder reicht.
Als Opa Kleefeld uns die Tür aufgemacht hat, habe ich gleich gesehen, dass im Haus alles richtig für den Rosenmontag zurechtgemacht war. Im Flur haben Luftschlangen über dem Spiegel gehangen und von der Lampe und über dem Treppengeländer auch.
»Hereinspaziert, hereinspaziert!«, hat Opa Kleefeld gerufen. »Ursel, deine fleißigen Helfer sind da!«
Richtig verkleidet war Opa Kleefeld nicht, aber er hat einen lustigen Papphut aufgehabt und hatte sich ganz viele Luftschlangen umgehängt. Da sah er ja auch nach Fasching aus.

Und als wir uns im Windfang die Stiefel ausgezogen haben und in die Küche gegangen sind, hatte Oma Kleefeld eine Weihnachtsmannmütze auf mit Glöckchen dran und eine rote Plastiknase! Dass eine Oma so verrückt sein kann! (Die Nase hat sie beim Backen aber abgenommen.)
Oma Kleefeld hat gesagt, genau dazu ist Fasching ja da, dass auch die allervernünftigsten Leute einmal im Jahr ungestraft verrückt sein können. Ich hab gedacht, dass ich das Mama und Papa mal erklären muss. Die machen nämlich nie Fasching. Für Erwachsene finden sie das albern, sagt Mama.
Luftschlangen hatte Oma Kleefeld sich aber nicht umgehängt. Sie hat gesagt, sonst baumeln ihr die beim Backen nachher noch in den Teig, und dann gibt es Verdreihte Görn mit Luftschlangenstückchen, das ist vielleicht nicht so gut.

Wir hatten alle eine Schürze mitgebracht und die Zutaten hatte Oma Kleefeld auch schon alle auf die Arbeitsplatte gestellt. Das waren Mehl und Hefe und Zucker und Backfett und Eier und Milch und ein bisschen Salz. Mehr nicht! Verdreihte Görn sind wirklich ganz einfach.

Und wir mussten uns auch gar nicht streiten, wer was abmessen und in den Küchenmixer tun durfte, weil Jul gesagt hat, um solchen Kinderkram streitet sie sich nicht. Sie ist nur mitgekommen, um zu sehen, wie es funktioniert, den Teig machen sollen ruhig die Kleinen.
Als ob Tieneke und ich klein wären! Und Fritzi geht auch schon in die zweite Klasse. Ich weiß gar nicht, warum Jul jetzt manchmal so zickig ist.

Da durfte Tieneke also die Hefe zerbröseln und Fritzi durfte den Zucker dazutun und Maus das Mehl (Oma Kleefeld hat aber geguckt, ob es auch genau richtig viel war), und ich durfte ganz, ganz vorsichtig die Eier und ein bisschen lauwarme Milch dazugeben. Dann hat Jul die Rührmaschine eingeschaltet (nur um uns zu helfen, hat sie gesagt. Damit es keinen Streit unter

uns anderen vieren gibt), und dann musste der Teig ganz lange geknetet werden. Oma Kleefeld hat gesagt, wenn uns jemand erzählt, dass man bei Hefegebäck zuerst ganz kompliziert einen Vorteig machen muss, dann sollen wir das mal schnell ver-

gessen. Ihr Hefeteig funktioniert ganz wunderbar auch ohne viele Sperenzchen, das will sie ihm auch geraten haben. Sie knetet ihn nur einfach in der Maschine zehn Minuten durch, danach tut er alles, was sie will.
Ich weiß nicht, was ein komplizierter Vorteig ist, aber Oma Kleefelds Hefeteig war jedenfalls wirklich ganz einfach.
»Und jetzt lassen wir ihn mal eine halbe Stunde lang richtig schön gehen«, hat Oma Kleefeld gesagt, nachdem Jul die Maschine wieder ausgeschaltet hatte. Wir haben sowieso schon ein bisschen angefangen, uns zu langweilen. »Und dann werdet ihr staunen!«
»Wo geht der denn hin, Oma Kleefeld?«, hat Maus gefragt. Seine Tigerärmel waren ganz voll Mehl. »Geht der nach Amerika? Der ist doch ein Teig, Oma Kleefeld! Der kann doch gar nicht gehen!« Dann hat er immer wieder »Geht der nach Amerika? Geht der nach Afrika? Geht der nach Hulu-Bulu?« gerufen. Dabei wollte er sich totlachen.
Dabei heißt *gehen* bei einem Hefeteig doch nur, dass er ganz von alleine doppelt so viel wird, wenn man ihn in die Wärme stellt und eine halbe Stunde lang in Ruhe lässt. Es ist ein bisschen wie Zauberei.
Aber Oma Kleefeld hat gesagt, ganz so wie Zauberei ist es leider doch nicht. Wenn der Teig Zug kriegt, fällt er nämlich in sich zusammen, deshalb sollen wir die Küchentür auch mal nur ganz, ganz vorsichtig aufmachen und lieber ins Esszimmer gehen. Da hat Opa Kleefeld schon mit dem alten Mensch-ärgere-dich-nicht-Spiel gewartet, das spielen wir immer, wenn wir bei Oma und Opa Kleefeld sind. (Alte Leute kennen ja nicht so viele Spiele.)

»Für eine Runde reicht es, bis der Teig so weit ist, oder, Ursel?«, hat Opa Kleefeld gefragt.
Dann haben wir die Mannschaften aufgeteilt, weil bei Mensch-ärgere-dich-nicht eigentlich nur vier Menschen mitspielen können und wir waren sieben.
Opa Kleefeld und Maus waren eine Mannschaft, das sind sie immer. Und ich und Tieneke waren auch eine Mannschaft und Fritzi und Oma Kleefeld auch. Und Jul hat alleine gespielt. Sie hat gesagt, es macht ihr nichts aus, da redet ihr wenigstens keiner rein.
Dann haben wir losgelegt und sogar *zwei* Runden gespielt, und einmal hat Jul gewonnen und einmal Opa Kleefeld und Maus.
»Yeaaaah!«, hat Opa Kleefeld geschrien. »Yabba-dabba-du!«
Das ist für einen Opa doch komisch. Ich glaube, er kennt es aus dem Fernsehen. Und Opa Kleefeld macht ja immer so viel Quatsch.
»Yabba-dabba-du!«, hat Maus auch gerufen. »Wir sind der Sieger, ätschi-bätschi!«
»Ätschi-bätschi sagt man nicht, Maus!«, hat Opa Kleefeld gesagt. »Ein guter Sieger tut immer so, als ob er den anderen den Sieg auch gegönnt hätte.«
»Aber yabba-dabba-du darf man sagen?«, hat Maus gefragt, und da hat Oma Kleefeld gesagt, sie glaubt, dass unser Teig nun genug gegangen ist. Und da hatte sie auch recht. Als wir in die Küche gekommen sind, ist der Teig schon fast über den Rand der Rührschüssel gequollen!
Und dann ist das *richtig* Schöne gekommen.
Als Erstes hat Tieneke die Arbeitsplatte ganz vorsichtig eingemehlt, und dann durfte ich den Teig aus der Rührschüssel neh-

men (das war so ein schwerer, klebriger Klumpen) und auf das Mehl legen, und dann durfte Fritzi ihn mit einer eingemehlten Teigrolle ausrollen, bis er ganz dünn war. Sie hat aber noch nicht so viel Kraft, darum durften Tieneke und ich auch noch mal und Maus auch. (Jul hat gesagt, nee, vielen Dank, sie mischt sich nicht ein.) Da sah der Teig aus wie ein großer, platter Fladen.

»Kuhfladen!«, hat Maus gerufen und wollte sich kringeln vor Lachen.

Dann haben wir vier Platten Backfett zerbröselt und in Oma Kleefelds großen Dampfdrucktopf getan. (Ohne Deckel.) Da ist es geschmolzen.

»Hast du keine Fritteuse, Oma Kleefeld?«, hat Tieneke gefragt. Ihre Mutter guckt ja immer so viele Kochshows, da haben sie all solche Sachen.

»Fritteuse, papperlapapp!«, hat Oma Kleefeld gesagt. »Bleibt mir vom Leib mit solchem Schnickschnack!«

Dann hat sie den Fladen mit einem scharfen Messer in Salmis geschnitten, die waren ungefähr so groß wie meine Hand. (In Wirklichkeit heißt es nicht Salmi, sondern Rhombus. Aber solche Wörter versteht ja kein Mensch.) Und in die Mitte von jedem Salmi hat sie noch einen langen Schnitt gemacht, ich zeichne mal auf, wie das dann aussieht.

»So, bitte sehr, meine Damen und mein Herr!«, hat sie gesagt. »Jetzt seid ihr dran!«

Es waren genau fünfzehn Salmis, da hatte Oma Kleefeld aufgepasst. Da waren es ja drei für jedes Kind. (Für Jul auch.)

Wir durften nämlich bei unseren Salmis immer zwei gegenüberliegende Ecken durch den Mittelschlitz stecken und an der

Rückseite wieder rausziehen, da sah es wirklich *sehr* komisch aus. Maus hat es zuerst auch nicht so gut hingekriegt, aber Opa Kleefeld hat ihm geholfen. »Nun sind die Görn verdreiht«, hat er zufrieden gesagt. »Und jetzt kommt der gefährliche Teil.«

Oma Kleefeld hat eins von den Teigstückchen auf eine Lochkelle gelegt und ganz, ganz langsam in das kochende Fett im Dampftopf gelassen. Danach durften wir das alle machen. Wir mussten aber sehr vorsichtig sein. Wenn man einen Spritzer kochendes Fett abbekommt, ist das kein Vergnügen, hat Opa Kleefeld gesagt. Darum hat er Maus auch geholfen. »Weil wir zwei beiden doch immer so ein tolles Team sind, Kollege!«, hat er gesagt. Da hat Maus gar nicht gemault.

Wir Mädchen durften es aber schon alleine.

Dann haben wir nur ziemlich kurz gewartet und dabei haben wir schon Zucker in einen tiefen Teller geschüttet. Die Görn haben sich im Fett immer so gedreht, als ob sie Purzelbäume schlagen wollten, und als sie oben geschwommen sind und ganz braun und knusprig ausgesehen haben, durften wir sie mit Oma Kleefelds Lochkelle wieder rausfischen und auf einem Stück Küchenpapier auf der Arbeitsplatte abtropfen lassen. Danach haben wir sie in unserem Zuckerteller gewälzt. (Ich finde *wälzen* ein komisches Wort dafür. Es heißt aber so.) Da ist ganz viel Zucker an ihnen kleben geblieben, und man kann sich gar nicht vorstellen, wie lustig die Verdreihten Görn ausgesehen haben. Wie aufgepustet und so ganz verknotet und braun und knusprig.

»Und jetzt guten Appetit!«, hat Opa Kleefeld gesagt. »Haut rein alle Mann!«

Da haben wir einfach so in der Küche im Stehen angefangen zu essen. Der Bäcker muss das Gebäck gleich in der Backstube probieren, hat Oma Kleefeld gesagt.
»Das ist wirklich ein gutes Rezept!«, hat Jul gesagt und sich den Zucker von ihren Fingern geleckt. »Nur leider ist es ja eine Kalorienbombe.«
Das war mir aber ganz egal. Einmal im Jahr darf man wohl mal eine Kalorienbombe essen. Ich ess ja sonst nicht so viel Süßkram.

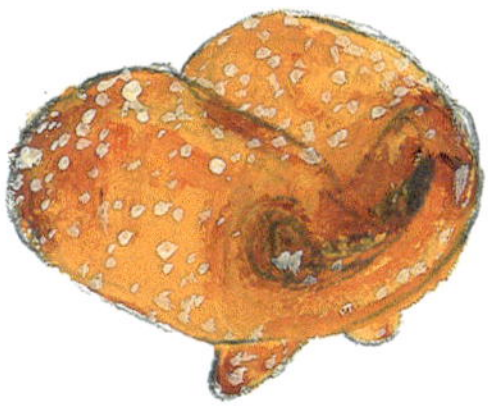

Oma Kleefeld hat uns jedem eine Gefriertüte gegeben, da durften wir unsere übrig gebliebenen Verdreihten Görn reintun. Wir wollten sie zu Hause unseren Eltern zeigen, darum konnten wir leider nicht mehr bleiben.
Opa Kleefeld hat gesagt, das ist in Ordnung. Er muss jetzt sowieso in der Küche erst mal wieder klar Schiff machen, da ist sein Chef streng. *Klar Schiff machen* heißt ja aufräumen, das sagt Opa Kleefeld immer. Ich finde, es ist ein guter Trick. Dann klingt aufräumen nicht mehr ganz so schrecklich. Ich schreib es auch auf meine Liste.
»Soll ich dir helfen, Opa Kleefeld?«, hab ich gefragt. Tieneke und Fritzi und Jul waren schon losgegangen und Maus hat sich im Windfang auch schon seine Stiefel angezogen. Eigentlich

wollte ich nicht so gerne noch abwaschen und aufräumen und alles, aber man muss es ja anbieten. Sonst ist es unhöflich.
Aber Opa Kleefeld hat gesagt, vielen Dank, das ist lieb von seiner Lieblings-Tara, aber dann werden die Görn in meiner Tüte womöglich noch kalt. Und warm schmecken sie nun mal am besten, da soll ich sie lieber gleich nach Hause bringen und Mama probieren lassen.
Da war ich ein bisschen erleichtert.
Mama hat ganz erstaunt gesagt, dass die ja wirklich lecker sind. Sie hat ein Verdreihtes Gör von mir probiert und eins von Maus.

Sie haben ihr aber beide ganz genau gleich gut geschmeckt, hat sie gesagt. »Nur leider ist es ja eine Kalorienbombe!«
Genau das hatte Jul auch gesagt! Aber Mama wollte trotzdem, dass ich das Rezept in ihr dickes Rezeptheft schreibe, das ist leider schon ein bisschen abgegrabbelt, weil man es ja immer beim Kochen in der Küche benutzt. Da sind die Finger ja manchmal klebrig.
Mama hat gesagt, wenn ich die Mengen nicht weiß, macht das nichts, die weiß sie dann schon. Aber ich muss unbedingt den Salmi mit dem Mittelschnitt für sie aufmalen, damit sie es hinterher auch richtig hinkriegt.

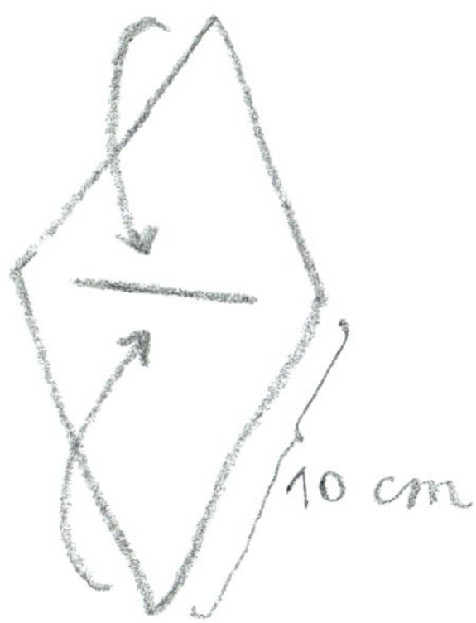

Ich hab mich sehr zufrieden gefühlt. Papa haben die Görn am Abend nämlich auch gut geschmeckt. Und wenn wir im nächsten Jahr bei uns zu Hause auch Verdreihte Görn backen, dann lernen Mama und Papa vielleicht doch noch, dass Fasching gar nicht albern ist. Sondern ein gutes Fest.
Da bin ich ganz vergnügt ins Bett gegangen und habe gedacht, was für ein Glück es ist, dass mein Verliebter in Wirklichkeit

gar keiner war. Jetzt kann ich Vincent heiraten und wir können für immer alle zusammen im Möwenweg wohnen bleiben. Und zum Fasching backen wir Verdreihte Görn, und überhaupt haben wir es immer schön. Da bin ich ganz zufrieden eingeschlafen.